ちくま学芸文庫

階級とは何か

スティーヴン・エジェル
橋本健二 訳

筑摩書房

【目次】階級とは何か

階級とは何か

序

一九八九年、私は『身分』(B. S. Turner, *Status*, University of Minnesota Press, 1989)と題する本の書評で次のように記した。身分という概念は「階級という概念の陰に守られて生きのびてきたように思われる」のに、「この本を含むシリーズには階級についての本が含まれていないし、その予定もないようだ」と(Edgell [1989 : 647])。その後まもなく、私はラウトリッジ社の社会学担当主任編集者であるクリス・ロジェク氏から連絡を受けた。この書評を引き合いに出して、階級についての短い本を出版したいというのである。本書は、こうして生まれることになった。

スティンチコムは、次のように主張している。「社会学には、ただひとつだけ独立変数がある。それは、階級である」と(Wright [1979 : 3] に引用)。これは極端な見方ではあるが、社会学の中でもっとも広く用いられているこの概念の重要性をあらわしている。それは何よりも、階級というものが、産業資本主義社会の運動と発展のあり方に対して、非常に大きい影響を及ぼすと考えられるからである。その影響の大きさは、不平等、政治、教育、保健、家族、労働、消費、余暇などを含む、社会学のほぼすべての個別分野で頻繁に使われていることからも知ることができる。要するに先の書評の主旨は、「身分よりも階級の方が重要な概念だ」ということだったのである。

階級については、おそらく社会学の他のどんなトピックよりも多くのことが書かれてきたから、このような一冊の短い本では、階級に関する膨大な社会学文献をカバーすることはできない。しかし、精選されたガイドとしては役立つだろう。さらに、読者が個々の論点の正確な位置づけを知り、これらをより広いコンテクストの中で点検できるよう、多数の参考文献から広く引用文を選んでおいた。

この本が目指したのは、階級概念が社会学に占める中心的位置について、とくにミルズ（Mills [1967]）のいう社会学の古典的伝統、つまり歴史的社会構造の社会的分析と関係づけながら考察することである。階級の社会学的な理解を生み出したマルクスとウェーバーの業績についても、こうした伝統に沿うものとして記されている。つまり本書は、階級概念が依然として重要であることを宣言するとともに、階級分析におけるマルクス主義的ならびにウェーバー主義的伝統が、いまもって有効であることを賞賛するものである。
本書は基本的にマクロなアプローチを採用しており、社会全体の階級構造の変動——とくに、産業資本主義が最初に発展した英国と、最大に発展した米国の——も検討課題に含めた。ここでは階級は、観察可能な法則性についての命題を扱う諸理論に利用できる、ひとつの分類概念として扱われている。したがって階級分析のためには、何かの共通点をもつ人々は、自分たちのこうした共通の位置を知っていようと知るまいと、ひとまとめに分類されることになる。つまり階級は人々の日常生活に深く影響するが、だからといって個人が階級について知っている必要はないのである。

人々が信じるかどうかに関わりなく、経済的な配置としての階級構造は、彼らがそこで占める位置に応じて、彼らのライフ・チャンスに影響する。個々人が自分たちの行為の原因を把握していないからといって、社会分析者がこれらの原因を無視したり否定したりすべきだということにはならないのである（Gerth and Mills [1961 : 340]）。

第1章　階級の古典的理論——マルクスとウェーバー——

はじめに

その起源からいえば、階級（class）という用語はもともと、財政的な理由や軍事的な目的から作られた、ローマの民衆たちの財産にもとづく区分だった。この前近代的な用法は、階級を社会の中の共通の地位を相続した人々の生得的な集団とみなす、静態的な性質のものである。現代的な語彙としての階級は、産業革命に引き続いて起こった社会の全面的な再組織化と不可分に結びついている。今日、産業資本主義とか近代資本主義と呼ばれているものにつながるこの変化は、一八世紀後期に英国で始まり、一九世紀には他の西洋諸国、とりわけフランス、ドイツ、米国に広がり、二〇世紀になるとまさにグローバルな現象となった。この画期的な社会変動によって、二つの重要な結果がもたらされた。それは、階級構造が変化するとともに新しい諸階級が形成されたこと、そして階級所属が生まれによってではなく能力を基盤として決定されるようになったことである。急激に変化する社会のコンテクストの中で階級を定義し、階級関係を分析することは、社会学の始祖たちの間で中心問題のひとつとされるようになり、それ以来、階級という概念をめぐる論争は衰えることなく続いてきた。本章の目的は、階級の概念構成と理論化に対してマルクス（一八一八―八三）とウェーバー（一八六四―一九二〇）が残した、二つの傑出した業績を概観し比較することである。

階級に関するマルクスの見解

カール・マルクスは、階級に関する最初の、またもっとも重要な社会学的理論のひとつを作り出した。この理論が重要なのは、後続の階級理論に対する知的な影響力と、いくつかの社会が取り入れた革命路線に対する政治的影響力によるもので、これらは彼の著作の全体、とりわけその未完の階級理論（『資本論第3巻』）には階級を主題とした章があるが、中断されたままになっている）から着想された。したがって彼の階級分析は、理論社会学と応用社会学の両方における業績とみることができる。

しかしながらマルクスは、階級という概念や、これに関係する「支配階級」などの諸概念を体系的に明らかにするのを怠ったばかりでなく、たとえば「中間階級」の概念にみられるように、用法にも一貫性がなかった。しかもその諸概念は、さまざまに異なったやり方で解釈される傾向がある。したがって、各種のテクストでマルクス的な用語に出会ったときは常に、『マルクス主義思想辞典』（Bottomore［1991］）を参照した方がよい。

マルクスの階級理論は、まさにすべての人類社会の歴史に関する広く野心的な説明の一部だが、とくに経済発展の最新の段階、つまり産業資本主義に注目している。マルクスにとって、この生産様式（この概念の問題をはらんだ性格についてはBottomore［1991：373-5］を参照）の「新しさ」は、「剰余価値」または利潤をより効率的に生み出すことにあった。つまり、それは歴史的にみて優れた労働搾取のシステムなのである。さらに産業資本主義は、階級構造がますます単純化されていくという点でも、大いに特徴的なものである。

しかしながら、われわれの時代つまりブルジョアジーの時代は、独特の性質をもっている。それは、階級的対立を単純化したということである。社会は全体として、対立する二つの巨大な陣営、直接に対峙する二つの巨大な階級、つまりブルジョアジーとプロレタリアートへと分裂していく（『共産党宣言』＝『全集』第4巻476頁）。

さらにマルクスは、資本主義の階級システムはもうひとつの意味でも単純化される、つまり支配階級と従属階級の関係が、かつてと比べてより手段的で非人格的なものになると主張した。

ブルジョアジーは、支配権を握ったところではどこでも、すべての封建的、家父長制的、牧歌的な諸関係を終焉させた。ブルジョアジーは人々を「生まれながらの君主」に結びつけていた封建的な紐帯《ちゅうたい》を容赦なく引き裂き、人と人との間には、むき出しの私益や冷淡な「現金勘定」の他には、どんなきずなも残さなかった。……。それは、一言でいえば、宗教的・政治的なヴェールに隠されていた搾取を、むき出しで恥知らずの、直接的で野蛮な搾取に置き換えたのである（『共産党宣言』＝『全集』第4巻478頁）。

これら二つの重要な引用文は、ヨーロッパ全体が政治的に不安定だった年に最初に出版された『共産党宣言』からとられたものである。この小冊子は、基本的に分析的というよりは扇動的なものであり、その言い回しはとても冷静とはいいかねる。しかし全体としてみれば、引用からもわかるようにマルクス主義の階級理論を構成する基本的なアイデアへの優れた手引きとなるものである。

マルクスは資本主義の下には主要な階級は二つしか存在しないと主張したが、それは私有財産が経済的諸関係の基盤となった以上、生産手段を所有する階級と、生産手段を所有しないために自分の労働能力（彼は、これを「労働力」と呼んだ）を売るしかない人々の二つの可能性しか、論理的に存在しないからである。また雇用主と被雇用者の関係が本来的に「敵対的」なのは、利潤を獲得して競争経済の中で生き残るために、雇用主は被雇用者を「搾取」することを余儀なくされるからである。また、「剰余価値」を抽出する過程で雇用主は、労働者たちを引きとどめておくのに必要な最低限の賃金しか支払わないようにして、コストを可能な限り引き下げることに努めるだけでなく、可能な限り高い生産効率を達成しようとする。このため、利潤と賃金は反比例のような関係となり、「資本の利害と労働者の利害は真っ向から対立する」

（『賃労働と資本』＝『全集』第6巻411頁）ことになる。したがってこの二つの社会階級の間には、労働の価格と労働過程または生産システムをめぐる、必然的な対立が存在する。マルクスは、ブルジョアジーとプロレタリアートはそれぞれ、内部の競争によって分化してはいるものの、相互の対立を通じてしだいに団結していくと考えていた。彼によれば、階級関係のこうした構造は、規模は小さいがはるかに豊かな雇用主たちの階級に対して、ますます大きく、貧しく、均質化し、疎外された労働力をもたらす。そして彼は、こうした両極化は最終的に革命的な階級闘争へと行き着くのであり、労働者階級の勝利は必然だと信じていた。

以上の簡単な紹介からも、マルクスの階級理論が本質的に、階級を動学的に概念化するものであること、そして社会変動の原動力は闘争だとしていることは明らかである。まさに階級闘争は、資本主義の起源・発展・将来についてのみならず、すべての社会の歴史についてのマルクスの説明の中心要素なのである。封建主義から資本主義への移行の場合には、都市ブルジョアジーと中小工業者が革命的な役割をはたした。彼らは独占的なギルドの親方たちを押しのけ、最終的には土地所有による貴族支配を終わらせた。こうしてマルクスは、ブルジョアジーは団結して階級闘争に参加することによって、新しい社会、つまり資本主義社会の支配階級になったと論じたのである。

マルクスは、新しい支配階級である資本家階級の業績を認めていた。資本家階級は、封建領主と制約の多い経済システムを打倒しただけでなく、比較的短い期間のうちに、資本主義の経済社会構造を変革していった。たとえば、ブルジョアジーは生産手段に革命を引き起こし、労働者を大都市部の大工場に集中させ、世界市場を作り出し、そして何よりも、商品を前例がないほど、いや想像すらできなかったほど大量に、しかも安く生産した。

ブルジョアジーはその一〇〇年たらずの支配の間に、過去のすべての世代を合わせたよりも大量で巨大な生産力を作り出した（『共産党宣言』＝『全集』第4巻480頁）。

しかしながらマルクスにとっては、資本主義のこうした利点よりも、欠点の方が上回っていた。彼は、資本主義的生産様式は「労働力の容赦のない浪費」と「大資本がより小さい資本をうち倒す」周期的恐慌に特徴づけられる、「競争の無政府的なシステム」であると主張した（『資本論第1巻』＝『全集』第23b巻686頁、816頁）。こうした状況の下でブルジョアジーは、商品の破棄（過剰生産の「不条理」）や、人員の削減、賃金引き下げと労働強化などによって、さらには新しい市場を開拓するとともに、信用制度などを通じて古い市場をいっそう全面的に搾取することによって、恐慌を解決しようとする。こうした解決はマルクスにとって、短期的には均衡を回復するものの、長期的にはより大きく深刻な恐慌へと道を開くものだった。

マルクスによると、ブルジョアジーは本質的に不安定な経済システムを作り出しただけではなく、最終的にはブルジョアジーに没落をもたらす階級、つまりプロレタリアートを作り出した。

だがブルジョアジーは、自分に死をもたらす武器を鍛えただけではない。彼らはまた、この武器を使う人々をも作り出した。それは近代的労働者、プロレタリアートである（『共産党宣言』＝『全集』第4巻481頁）。

どんなに激しく繰り返されようとも、経済危機は資本主義の終焉を保証するわけではなく、革命的な変化の前提条件であるにすぎない。マルクスによれば、資本主義社会が変革されるのは、プロレタリアートの階級行動を通じてのみなのである。

プロレタリア化、両極分解と革命的変化

産業資本主義の自己破壊的傾向は、プロレタリア化という重要な社会過程によって確実なものになる。この過程は、マルクスが労働者階級に割り当てた歴史的革命的役割を促進する。マルクスにとって、プロレタリア化とは主に自営から被雇用への移動を指すものだったが、彼の著作では、次の三つの意味で使われているのを区別できる。それは、

1 社会のプロレタリア化
2 労働のプロレタリア化
3 政治的プロレタリア化

である。

第1に社会のプロレタリア化とは、資本主義的生産様式の発展の結果、労働者階級が規模の上で拡大し、都市部の大工場に集中させられ、相対的な貧困を経験するよう

になる傾向を指している。マルクスは、資本主義発展の「諸法則」のひとつは、資本主義的産業化の競争的性格が、小資本の犠牲の上で大資本に有利に働き、資本所有の集中をもたらすことだと主張した。その結果、自営業者や小所有者は廃業して、ますます窮乏化する賃労働者になっていくのである。

中間階級[*]の下層、つまり小工業者や商店主、小金利生活者、手工業者、農民などの階級は、すべてプロレタリアートに転落する。それは一部には、彼らの小さい資本が大工業を経営するのに不十分で、より大きな資本家との競争に敗れるからであり、また一部は、彼らの熟練が新しい生産様式によって無価値になるためである（『共産党宣言』＝『全集』第4巻483頁）。

（訳注）原文は middle class だが、これはドイツ語原文の Mittelstände の訳語であり、日本では普通、「中間身分」と訳される。

資本が蓄積されるにしたがって、労働者の状態は、彼の受け取る報酬が高かろうと低かろうと、悪化せざるをえないのである（『資本論第1巻』＝『全集』第23 b巻840頁）。

第2に、賃労働者（あるいは、マルクスのいう賃金奴隷）になったプロレタリアートの新参者たちは、機械と監督者・雇用主を含む生産過程によって「隷属化」される。マルクスによると、資本主義の下では、労働者たちは他の商品とまったく同じに扱われ、市場で可能な限り安い価格で売買される。その上、機械（彼の用語では、死んだ労働）の使用と特化された分業によって、労働は非熟練化され、労働者はすべての自律性と個性を失って衰退させられていく。プロレタリア化のこの次元は、『経済学・哲学草稿』で全面的に理論化され、『資本論第1巻』で詳細に描かれた、疎外に関する彼の有名な命題の一部である。しかしながら、労働のプロレタリア化のもっとも適切な要約は、『共産党宣言』にもすでに見出される。

［労働者は］機械の付属物となり、彼らに要求されるのは、きわめて単純で単調な、ごくたやすく覚えられる操作だけである。……。労働者大衆は工場につめこまれて、兵士のように組織される。彼らは一兵卒として、下士官と将校の完全な職階制の司令の下におかれる（『共産党宣言』＝『全集』第4巻482頁）。

マルクスがプロレタリア化という用語を使うときの、第3の用法は、労働者階級の政治意識の成長に関係している。これがプロレタリア化の、もっとも重要かつ複雑で、論争的な次元であることは確かだろう。彼は、ひとたび労働者（プロレタリアート）が規模の上で成長し、集中と相対的な貧困に見舞われ、労働の衰退を経験すると、賃金と労働条件を防衛し、あるいはさらに向上させるために結集するようになる、いいかえればブルジョアジーとの階級闘争に参加するようになると主張した。労働者のこうした集合的能力は、最初はローカルなレベルでの勝利を通じて強められていくが、産業化の作り出すコミュニケーション手段の発達によって、階級闘争は全国的な規模で発展していくだろう。労働者階級の政治意識が、資本家階級の支配にうち勝つほどにまで成長するためには、プロレタリアートは労働の内部で（すなわち、労働組合という形態で）、そして外部で（すなわち、政党という形態で）、組織化する必要がある。一時的な後退が起こることはあるとしても、自分たちの固有の物質的利害を防衛し、あるいはさらに追求しようとすることから、プロレタリアートと支配階級＝資本家階級の間に生じる衝突は、いつかは革命の最終局面にまで到達する。マルクスは、この段階ではプロレタリアートが勝利し、搾取と抑圧から自由な、すなわち階級のない新しいタイプの社会を確立すると信じていた。

経済的諸条件が、まず最初に国民大衆を労働者に転化させた。資本の連合は、この大衆たちに、共通の地位と共通の利害を生み出した。だからこの大衆は、資本に対してはすでにひとつの階級である。しかし、まだ、大衆それ自身にとっての階級ではない。……闘争の中で、この大衆は団結して、自らを自分自身にとっての階級(対自的階級)へと構成していく。大衆の防衛する利害が、階級利害となる。しかし、階級対階級の闘争は、ひとつの政治闘争である(『哲学の貧困』＝『全集』第4巻189頁)。

(最終的には、階級間の)闘争は革命となって爆発し、ブルジョアジーを暴力的にうち倒してプロレタリアートの支配を確立するところにまで行き着く。……。そこでは、各人の自由な発展が万人の自由な発展の条件である(『共産党宣言』＝『全集』第4巻486頁、496頁)。

以上に概観した近代資本主義社会の階級についてのマルクスの理論は、彼のプロレタリア化―急進化―革命という基本命題の、ひとつの要約になっている。この命題によれば階級構造は、内部的には均質で、ますます激化する闘争に参加する二つの階級へと両極化していくのである。彼がこの命題を資本主義の本質とみなしたことは、驚くに値しない。

マルクスは、たんなる理論家ではなかった。彼はまず第1に、生涯の仕事の全体的な目的は、自分がより望ましいと考える方向へと社会を変える手助けをすることであり、たんに研究のために研究することではないと考えていたのである（『ドイツ・イデオロギー』＝『全集』第3巻）。

第2にマルクスは、その生涯を通じて、急進的な政治活動で活躍した。彼は、とくに一八四八年の革命と、これが敗北に終わって英国へ亡命した一八五〇年代までのヨーロッパで、反乱と抑圧の大波を経験した。

第3にマルクスは、フランスや米国のような国の資本主義的発展について知らなかったわけではないが、その経験的なよりどころは、最初の産業資本主義社会である一九世紀の英国にあった。彼は英国で、三〇年以上にわたって貧困のうちに生活し、活動した。そして巨大な富が生産されていること、その生産の方式、その配分の不平等と、こうした状況が生み出す広範で深刻な階級闘争を、深く心に刻み込んだ。より明確にいうなら彼は、資本家階級の豊かさ・豪奢さ・権力と、労働者階級の貧困・衰退・無力の間の、あまりに大きな違いと葛藤をはらんだ関係を目撃し、研究し、また彼自身がその一部でもあった。たとえば彼は、一九世紀はじめの英国農民の深刻な貧困を明らかにし、これを同じ時期にブルジョアジーたちがいかにして「異常な富をなしたか（『資本論第1巻』＝『全集』第23b巻879頁）ということと対比させている。彼は、資本主義の下ではこうした不平等の構造とこれに伴って起こる闘争が不可避であり、それを克服する唯一の方法は革命だと結論した。

このように彼を取り巻く状況と、彼の革命的な社会変革への政治的コミットメントを考えれば、彼が階級を本質的に二分法的で対立をはらんだ用語として概念化したとしても、何ら不思議はない。

革命的な変化を妨げる要因

マルクスは、階級的利害に内在する対立を基礎に、産業資本主義の変革に関する理論を発展させたが、それだけではなく階級内部および階級間の諸関係が、彼自身の二分法的モデルが暗示するよりも複雑で、問題をはらむものであること、またそれが階級形成と階級闘争、ひいては全面的な変化を妨げる潜在的な要因であることにも注目していた。

革命的な変化に向けた動きを妨げる可能性のある第一の複雑要因は、これまでみてきたような主要な二階級以外の階級が、しばしば存在することである。マルクスはさまざまな著作で、他の多くの階級や階級分派について言及しているが、これがいちばんはっきりしているのは『ルイ・ボナパルトのブリュメール一八日』である。この一八世紀半ばのフランスについての詳細な分析において、彼は二大階級内部の階級分派(資本家では大地主、金融資本家、産業資本家など、労働者ではルンペン・プロレタリアートとプロレタリアートなど)と、二つの過渡的な階級(プチ・ブルジョアジーと農民)、そしていくつかの中間階級――「軍隊、大学、教会、法曹界、学士院、新聞界のお偉方」(『全集』第8巻124頁)などについて論じている。また別のところで彼は、労働者階級でもっとも賃金の高い部分である労働貴族について書いているし、年齢・性別・技能による労働者内部の分断や、農村と都市の労働者の違いについても言及している(『資本論第1巻』=『全集』第23巻)。また彼は、自営業者や小資本家を指して、下層中間階級、中間階級という用語も用いている(『共産党宣言』=『全集』第4巻)。さらに、「一方の側の労働者と他方の側の資本家および地主との中間」(『剰余価値学説史』=『全集』第26Ⅱ巻779頁)に位置する非所有の中間階級が増加することにも気づいていた。

マルクス（同じくエンゲルス）にとって、階級を分断したり結びつけたりするのは「全般的な競争戦」であった。「競争は、諸個人をいっしょに巻き込むにもかかわらず、他方では彼らを、たんにブルジョアジーのみならずそれ以上にプロレタリアートを、孤立させる」（『ドイツ・イデオロギー』＝『全集』第3巻57頁）のである。その結果、階級関係の詳細な構造は、いつでもどこでも、状況に依存することになる。たとえば、鋭い政治的対立がある時期には、階級構造は高度に二極化されるだろう。したがって、階級が二極化するか分断されるかは、程度の問題なのである。明らかに、資本家内部の競争と政治的不統一はプロレタリアートの立場からは朗報だろうし、逆も同じである。つまりマルクスの二階級対立の理論は、多数の諸階級や諸分派が存在し、このために階級意識や階級行動に多様性が生まれるといった可能性を否定したものではないのである。

階級が経済的な利害集団から政治的な活性をもつ革命勢力へと転換するのを妨げる可能性のある二番目の複雑要因は、イデオロギーの統合的機能に関係するものである。これは、支配的な資本家階級は、物質的生産手段（物体）を支配するだけではなく精神的生産手段（思想）をも支配しているというマルクスの命題にみられる。歴史を通じてすべての支配階級は、その目的を達成するためだけにでも、自らの利益を社会の全成員の共通の利益としてあらわしてみせること、……その思想に普遍性の形式を与え、それを唯一の合理的な、普遍妥当的な思想としてあらわしてみせることを余儀なくされている（『ドイツ・イデオロギー』＝『全集』3巻43頁）。

マルクスは「精神のヘゲモニー」（『ドイツ・イデオロギー』＝『全集』第3巻45頁）という言い方をしているが、今日ではグラムシ（Gramsci［1971］）にならって、支配階級の支配の合意形成的な次元のことをヘゲモニーと呼ぶのが普通のことになっている。

完全な階級意識と資本主義の革命的転覆に対する、これに関連したもうひとつの障害物は、人々の社会的な関係が「諸物の関係という幻影的な関係」（『資本論第1巻』＝『全集』第23a巻98頁）としてあらわれるという、「商品の物神性」の浸透と関係している。これによってマルクスは、自分たちを疎外する資本主義的生産様式の中にある労働者たちが、商品の有用性よりも商品の獲得へと、それが目的そのものであるかのように関心を集中させる傾向を指摘したのである。この傾向がもつ政治的な含意は、商品に対する労働者たちの物神崇拝が、資本の支配に対する闘いから彼らの注意をそらしてしまうということである。

このようにマルクスは、資本主義の経済危機と労働者階級の政治行動を通じての革命的変革が、困難に満ちたものであることを認識していた。この点は、彼が資本主義発展の一般的「法則」について、「それは、他のすべての法則と同じように、その実現にさいしてはさまざまな事情によって変化を加えられる」(『資本論第1巻』=『全集』第23a巻839頁)と書いたときにも認めていたことである。搾取、プロレタリア化、両極分解についての理論に基礎づけられた闘争する二大階級モデルにより、彼は革命的な変革が私有財産の廃絶と無階級社会の誕生に導くだろうという予想と希望へ到達した。しかしながら先進資本主義社会の労働者階級は、彼の理論的・政治的予想のとおりにはならなかった。このことは、歴史的にみて階級の両極分解よりも分断化が支配的だったこと、そして彼が、階級闘争を包み込みながら繁栄する資本主義社会の能力をあまりにも過小評価していたことを示唆するものである。

何人かの社会学者たちは、資本主義社会が二つの対立する階級に両極分解するというマルクスの考えは時代遅れだと結論している(たとえば、Dahrendorf [1964]、Parkin [1979])。つまりこのモデルは、一九世紀の階級については正しい説明だったかもしれないが、二〇世紀になるとしだいに適用できなくなったのである。典型的な主張によれば、革命的変革が起こらなかったのに加え、労働者階級の代わりに中間階級が拡大して、プロレタリア化は反転したのである。歴史は、マルクスを拒否したかのようにみえる。このように主張する人々は、次節で紹介するウェーバーの階級分析の方に共感を寄せる傾向がある。

階級に関するウェーバーの見解

マックス・ウェーバーは、マルクスの階級論を社会階層——社会をヒエラルキー的に配列されたいくつかの層に分類したもの——というより広い文脈で発展させた功績者である。すなわちウェーバーは、マルクスとは対照的に、階級以外の階層の諸形態、とくに身分と民族にもとづく階層に注意を喚起したのである。しかしながら、階級の社会学に対するウェーバーの貢献について扱う以下の記述では、階級以外の集群については、階級分析に対して直接に関連する場合に限って言及することにしたい。なお、ウェーバーが社会階層に対してもっていたより広い関心について概観した著作は、簡潔で不可欠な基本だけを取り上げたもの（Saunders［1990］）から、より長く詳細なもの（Giddens［1979］）まで、数多くある。

マルクスとウェーバーの階級へのアプローチにみられるもっとも重要な違いは、ウェーバーの百科全書的な社会学の中では、階級という概念がそれほど重要でない役割しか演じていないということである。ただし皮肉にも、マルクスとは違って階級についてより限定的な評価しか与えなかったために、ウェーバーはかえって、階級概念についての体系的な検討を提供することになった。しかしながら［英語版の］訳者のガースとミルズ、パーソンズはいずれも、ウェーバーが階級について考察した二つの個所で、草稿が中断していると注記している。これらの重要な文章は他の個所にも見出されるが（Weber［1968a, 1968b］）、ロスとウィッチによる訳文は、先のものとは少々違っている。要するにウェーバーの階級論も、やはりマルクスと同様に不完全なのである。

階級という概念は長い間、とくに革命的な社会主義者であるマルクスの影響下において、高度に政治的な概念とみなされてきた。実際、リプセットとベンディックスは、「階級についての異なる理論の間の論争は、しばしば政治的な路線をめぐる現実の闘争の、学問的な代替物だった」と述べている（Lipset & Bendix［1951：150］）。こういう事情だから、階級の社会学に対するウェーバーの貢献を概観する前に、彼の政治的見解について言及しておくことが適切だろう。

マルクスの産業資本主義に対するおなじみの批判や敵対とは対照的に、ウェーバーは近代資本主義の合理性を肯定し、社会主義には反対していた。基本的にはウェーバーは、官僚制が他の支配の諸形態よりも合理的であり、また近代資本主義は官僚制の発展に有利に働くと考えていた。

それは正確さ、安定性、規律の厳格さ、信頼性といった点で、他のどんな形態よりも優れている。……。資本主義は官僚制的統制のもっとも合理的な経済的基礎であり、この基礎の上でそれはもっとも合理的な形で発展できるのである（Weber [1968a：223-4]）。

さらにウェーバーは、ますます非人格化し機械的になっていく官僚制の世界から逃れることの困難に対して恐れを表明してはいたものの（Weber [1968c]）、社会主義は労働へのインセンティヴを減少させ、官僚制の非人間的な帰結をより悪化させると考えた（Weber [1968a]）。このように彼は、近代資本主義に対して批判的でもあったとはいえ、その特徴的な組織形態である合法的―合理的官僚制の賞賛者だったのである。

ウェーバーは、階級とは共通の階級状況を共有する人々の集群を指すものだと主張し、階級状況を次のように定義した。

階級状況とは、財貨の調達、外的な生活条件、個人的な生活経験の典型的なチャンスのことであり、これらのチャンスは財貨を処分するための権力の量と種類（または権力の欠如）、または既存の経済秩序の中で収入を得るための技能によって決定される（Weber [1961 : 181]）。

したがって彼にとっては、「市場におけるチャンスの種類が人々の共通の条件をあらわす決定的な契機」（Weber [1961 : 182]）だということになる。

階級のこうした定義にしたがって、ウェーバーは二種類の特権的な階級を区別する。それは、財産階級（または所有階級）と営利階級（または獲得的階級）である。前者は各種の資産、たとえば土地、建造物、あるいは人間の所有者からなり、後者は市場で提供できる財、サービス、技能を所有する人々、たとえば工業企業者や農業企業者、商人、銀行家、専門職、「独占的な資格や技能をもつ労働者」（Weber [1968a : 303-4]）からなる。次に彼は、非特権的な財産階級として不自由人、零落者、貧民の三種類を、また非特権的な営利階級として熟練労働者、半熟練労働者、非熟練労働者の三種類を区別する（Weber［1968a：303-304］）。さらに彼は、それぞれの特権的階級と非特権的階級の間にさまざまな中間階級、たとえば農民、職人、公的または私的職員、自由業、特別な資格や技能をもった労働者などが存在すると指摘する（Weber［1968a：303-4］）。その上でウェーバーは、彼が「社会階級」と呼ぶ階級状況の位置についても論じる。「『社会階級』は、個人的あるいは世代間で、相互の移動が容易かつ典型的であるような階級状況を構成する」というのである（Weber［1968a：302］）。このような集群としては、全体としての労働者階級、プチ・ブルジョアジー、財産をもたない知識人または専門職（たとえば技術者）、財産と教育によって特権を得た人々、の四つがあげられる。そしてウェーバーは、階級状況と身分状況を区別した上で、近代社会においては「階級状況の方がはるかに優越する要因」だと記している（Weber［1961：190］）。

このようにウェーバーによれば、階級とは基本的に経済的な現象、より正確にいえば個人の市場状況によって決定されるものである。さらに彼は、「財産の所有」と「財産の欠如」が「すべての階級状況の基本的カテゴリー」だと主張する（Weber［1961：182］）。しかし、社会階層のさまざまな形態を分析しただけでなく、多数の特権的な階級、非特権的な階級、中間階級を区分し、またさまざまな階級状況および階級状況の配置を区別したため、彼の階層構造についての概念、とくに階級構造の概念は、極端に複雑かつ多元的なものとなった。

階級闘争の分断

ウェーバーは、産業資本主義の発展とともにプチ・ブルジョアジーが減少してホワイトカラー労働者が増加すると予想していたこと（Weber［1968a：305］）を別にすれば、階級の変化についての一般理論は提示しなかったが、階級分化と階級闘争については論じている。

ウェーバーによると、「『階級』を生み出す要因は疑いもなく経済的利害である。……。しかしながら、『階級利害』という概念は明確なものではない」（Weber［1961：183］）。それは次の理由によるものである。

利害の方向は、この「階級状況」によって共通に影響される人々の一定部分の共同行動の有無や、この階級状況から、個々人が成果を期待できるような結社（たとえば労働組合）が人々の間に生み出されているかどうかによって変わってくる（Weber［1961：183］）。

その上で組織された階級行動は、「直接的な利害対立が切迫して、敵に対して結集できる可能性があり」、大企業で経営者に対抗する労働者のように大規模な階級が結集されている、などのような特定の状況の下で容易になる（Weber［1964：427］)。このようにウェーバーにとって、階級・経済的利害・階級行動の間の関係は、「ある有能な文筆家」が私たちに信じ込ませようとしたほど単純なものではないのである（Weber［1961：185］)。

階級行動の問題は、「名誉についての正または負の社会的評価」（Weber［1961：187］）にもとづく身分集団の存在によって、さらに複雑化される。さらにウェーバーによると、「党派は『階級状況』または『身分状況』によって決定された利害を代表することがあり、そのためにこのいずれかから信奉者をリクルートすることがあるが、いずれもできない場合もある」（Weber［1961：194］)。

このように、ウェーバーによる階級の社会学は、二つの「階級状況の基本カテゴリー」、すなわち財産所有と非所有から出発するが、特権的および非特権的階級のそれぞれを、財産だけでなく教育にももとづきながら数多くに区分し、さらに身分集団の分析をも含み込んでいる。この本質的にヒエラルキー的で多元的な階級（および身分）についての理解は、経済的利害が階級行動の根底にあることを認めてはいるが、それと同時に階級利害のあらわれ方は、とくに階級と身分がさまざまに結びつくこと（とりわけ党派との関係で）から、不確実でしかないことを認めるものだった。

要約と結論

マルクスとウェーバーは、階級を経済的な関係において概念化し、近代資本主義における主要な階級カテゴリーは、交換できる資産の所有と非所有の違いに関係していると主張し、さらに他にもさまざまな階級を区別した。したがって、彼らの階級観は重要な点で重なり合っているが、同時に明らかな力点の違いもある。たとえばウェーバーは、マルクスよりも教育や技能に由来する階級的な優位を強調したし、身分状況と階級状況を区別していた（ただし彼は、近代社会においては身分状況より階級状況の方が重要だと記している）。さらに、マルクスが闘争の役割と階級構造の両極分解に注目したのに対して、ウェーバーは階級行動の不確実性と階級構造の分断化に注目していた。マルクスは、社会主義が資本主義の内在的に矛盾をはらんだ本質を克服し、無階級社会を実現すると結論した。これに対してウェーバーは、「合理的」資本主義の潜在的に非人間的な性格に対して懸念をもってはいたものの、社会主義は事態を悪化させるだけだと主張した。結論的にいうと、階級はマルクスの社会学では主役を、ウェーバーの社会学ではより控えめな役を演じているのだが、この二人はともに、ギデンズのいうように現代の階級構造を分析するために必須の概念的な道具を、すなわち諸階級を生み出す経済的な諸要因——資産の所有と知識・肉体的労働力の所有——という概念を提供したのである。

第2章　現代の階級理論——ネオ・マルクス主義とネオ・ウェーバー主義——

はじめに

階級の意味に関するマルクスとウェーバーの説が理論的に卓越したものであることは、この二人の視点が、階級という重要な概念を理解しようとするその後の試みの、事実上すべてに引きつがれていることに示されている。本章の目的は、ライトのネオ・マルクス主義階級理論と、ゴールドソープのネオ・ウェーバー主義階級理論を検討することである。現代の階級論としてこの二つを選んだのは、これらが、近年の実証研究で使われてきた階級図式の発展を促してきたからである。具体的にいうと、マルクスの階級モデルを改良したライトの業績は、米国・スウェーデン・

英国の階級構造についての実証研究に適用されて成功を収めてきた（たとえば、Wright [1985], Edgell and Duke [1991]）。同じように、ウェーバーの階級モデルを改良したゴールドソープの業績は、英国をはじめとする現代産業社会の階級研究に利用されてきた（たとえば Goldthorpe [1987], Marshall *et al.* [1988], Erikson and Goldthorpe [1992]）。このようにライトとゴールドソープは、マルクス主義とウェーバー主義という、階級分析の二つの主要な理論的伝統を、それぞれ代表しているのである。他の何人かも、これらの伝統に沿った著作を書いているが、彼らの理論はライトやゴールドソープほどには実証的に検証されていない（たとえば、ネオ・マルクス主義の Carchedi [1977], Poulantzas [1979]、ネオ・ウェーバー主義の Giddens [1979], Parkin [1979]）。

ライトのネオ・マルクス主義階級理論

ライトは、一九七〇年代半ばからマルクスの独創的な階級理論を再定式化し、さらに改良を加え続けてきた、米国の自省的なネオ・マルクス主義社会学者である。彼の出発点は、ヨーロッパのマルクス主義者たちによってマルクス主義階級理論にさまざまな改良が加えられてきたにもかかわらず、マルクス主義は依然として実証よりも理論面で影響力が強いということだった。ここから彼は、マルクス主義の階級分類を実証研究に適用可能な形に発展させることに関心をもつようになったのである。ライトによると、

階級がどのように概念化され、社会的地位のどのカテゴリーがどの階級に位置づけられるのかということは、階級闘争と社会変動の理解にとってきわめて重要である(Wright [1976 : 3-4])。

ライトの最初の「階級配置図」は、彼の博士論文で展開され、後に著書として出版された(Wright [1979])。自分の階級研究の初期段階にあたるこの研究で、ライトは先進資本主義社会の「新中間階級」をどう理解するかという問題をめぐって、カルケディの著作から「矛盾した階級的位置」という概念を着想した。彼によると、すべての階級関係は本質的に敵対的なものなので、ある意味では「すべての階級的地位」は「矛盾した階級的位置」にある。しかし階級構造の中のいくつかの地位は、資本主義社会の矛盾をはらんだ基本的階級諸関係の間で引き裂かれた地位を代表しているため、

図2・1　ライトの階級配置図Ⅰ(基本型)：資本主義社会における基本的階級勢力と矛盾した階級的位置の関係

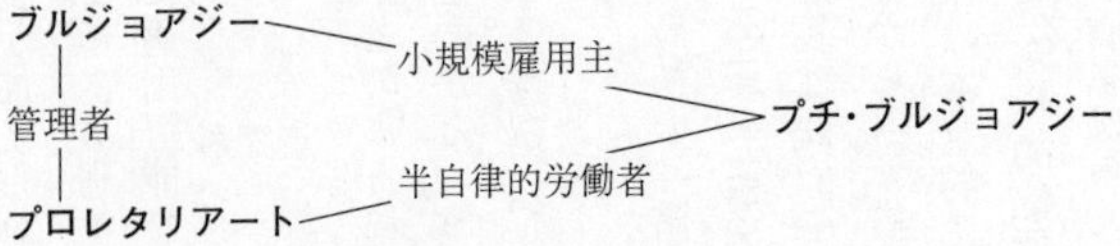

注)　階級はゴチック，階級関係の中の矛盾した位置は明朝で示した。
出典)　Wright［1976: 27］

二重の意味で矛盾している。ライトはこれらのあいまいな階級を、「矛盾をはらんだ基本的階級位置の中の矛盾した位置」という洗練されない言い方を避けて、矛盾した諸階級*と呼ぶ。そしてこの着想が、問題の多い中間階級を理論化すること、さらにマルクス主義の基本的な二大階級モデルを拡張して、管理者、小規模雇用主、半自律的労働者などを含み込むことを可能にしたのである。

(訳注)　ライトの記述に忠実にしたがうなら、「矛盾した階級的位置」とする方が正しいものと思われる。

こうしてライトによれば、管理者はブルジョアジーとプロレタリアートの間の矛盾した階級的位置にあり、半自律的労働者はプチ・ブルジョアジーとプロレタリアートの間の矛盾した階級的位置を占め、小規模雇用主はブルジョアジーとプチ・ブルジョアジーの間の矛盾した階級的位置を占める。ライトがこのように三つの矛盾した階級的位置を区別する基礎となったのは、統制という概念、すなわち投資と蓄積過程に対する統制、生産手段の統制、労働力の統制という概念だった。先進資本主義社会においては、ブルジョアジーはこれら三つの統制のすべてに関与し、プロレタリアートはどれにも関与しない。プチ・ブルジョアジーは他者の労働力を統制しないという点を除いてはブルジョアジーと同じである。管理者、小規模雇用主、半自律的労働者はそれぞれのやり方で、労働者よりは多く、ブルジョアジーよりは少なく、統制に関与する。このように矛盾した諸階級は統制の混合された形態を示すのである。

ライトはさらに、先にみた統制の三類型に加えて、統制の程度を四段階（全面的、部分的、最小限、統制せず）に分けるという、より詳細な議論も行なっている（Wright［1976：33］）。これによって彼は、ブルジョアジーとプロレタリアートの間に、ひとつではなく四つの矛盾した階級的位置を区別した。すなわち、投資に対して部分的な統制力をもつトップの管理者、投資に対しては最小限の、生産手段と他者の労働力に対しては部分的な統制力をもつ中間管理者、生産手段と労働力に対して最小限の統制力をもつテクノクラート、労働力についてだけ最小限の統制力をもつ職長／ライン監督者である。* ライトは同じように、ブルジョアジーを伝統的資本

図2・2　ライトの階級配置図Ⅰ（詳細型）

1	**ブルジョアジー**：伝統的資本家
2	矛盾した位置に準ずる位置：最高経営者
3	矛盾した位置：トップの管理者
4	矛盾した位置：中間管理者
5	矛盾した位置：テクノクラート
6	矛盾した位置：職長／ライン監督者
7	**プロレタリアート**
8	矛盾した位置：半自律的労働者
9	**プチ・ブルジョアジー**
10	矛盾した位置：小規模雇用主

出典）Wright［1976: 33］

家と最高経営者に分け、後者は多少の資本を所有してはいるものの、労働者の雇い主としての法律上の地位にあるというわけではなく、矛盾した位置に準ずる性格の位置にあるとした。ライトはこのように階級関係の複雑さを認めるので、彼の階級配置図には、六種類から一〇種類の階級が含まれることになる。

（訳注）この個所の原文は、ライトの所説に対する誤解を生みかねないため、必要な補足と修正を行なった。図2・2についても同様である。

しかし、調査データを用いてこの階級区分を操作化しようというときになって、ライトは半自律的労働者の階級的位置は実際上、労働者と区別できないので、プチ・ブルジョアジーとプロレタリアートの間の矛盾した階級的位置は定義できないということに気がつく（Wright［1979：241-242］）。

結局、ライトはこれをプロレタリアートに含め、半自律的労働者のカテゴリーを放棄した（同様にWright［1985：49-57］も参照）。彼は後に、矛盾した位置という概念から離れることになるのだが、これはその予兆だった。

ライトは矛盾した階級的位置の概念を、先進資本主義社会における非所有の中間階級の問題を扱おうとした他の試みより進歩したものと考えていたが、そこに二つの大きな問題があることにも気がついていた。第1に、矛盾という用語自体がもともと不明確である。なぜなら、生産様式内部の矛盾した位置（管理者）の場合はともかくとして、生産様式間の矛盾した位置は、「明らかに矛盾した位置というわけではなく」、たんに複合的または混合的な位置にすぎないからである（Wright［1985：53］）。第2に、また何より重要なことに、ライトの考えでは、「階級関係の中の矛盾した階級的位置の概念は、搾取にではなく、ほとんど支配関係のみにもとづいている」（Wright［1985：56］）。たとえばライトは、労働者を支配するとともに資本家に支配されるという理由で、管理者を矛盾した位置と規定していた。しかし彼は、古典的マルクス主義の原則である階級的地位と階級的利害の関係を弱め、社会の分化に対する「多元的抑圧」アプローチに引き寄せられてしまうという理由から、このように搾取を副次的な要因として扱うことを強く批判するようになった。ライトは最初の階級配置図の理論的基礎に対して自己批判したが、これは矛盾した階級的位置の概念に浴びせられた批判（たとえば、Giddens［1979］, Stewart *et al.*［1980］, Holmwood and Stewart［1983］）の多くを受け入れるもので、階級に対する彼のまったく新しいアプローチへの道を準備するものだった。

ライトは、「一般的に階級構造を分析するための総合的な枠組を作り上げるための、とりわけ中間階級の問題を再概念化するための基礎」として、ローマー（Roemer［1982］）の搾取論を援用する。そして、搾取を「ある階級の労働成果の、他の階級による経済的に抑圧的な領有」と定義し（Wright［1985：77］）、生産手段の所有にもとづいて労働者を搾取することができる資本家階級だけでなく、ある種の非所有者も、組織資産および（または）技能／資格資産にもとづいて他の非所有者を搾取できるのだと主張した。これら三つのタイプの搾取とその結合形態を区別することによって、ライトは搾取とこれに関連する所有者と非所有者の二分法という古典的マルクス主義の図式に忠実であり続けながらも、先進資本主義のより複雑な階級関係を表現する階級図式を展開することができたのである。

ライトの2番目の階級配置図には、二通りの見方がある。第1に、生産手段の所有者と非所有者の間に、資本主義の主要な構造的階級分裂を示す境界線がある。第2に、

図2・3　ライトの階級配置図Ⅱ

生産手段の所有

	生産手段の所有者	生産手段の非所有者（賃労働者）				
労働者を雇用し，自分は働かないですむに十分な資本を所有	1 ブルジョアジー	4 専門的経営者	7 中高学歴一般経営者	10 一般経営者	+	組織資産
労働者を雇用するには十分だが，自分も働かなければならない量の資本を所有	2 小規模雇用主	5 専門的管理職	8 中高学歴管理職	11 一般管理職	>0	
自分で働くことはできるが，労働者を雇うことはできない量の資本を所有	3 プチ・ブルジョアジー	6 一般専門職	9 中高学歴労働者	12 プロレタリア	−	
		+	>0	−		
		技能／資格資産				

出典）　Wright［1985：88］

この二つの階級カテゴリーは、前者ではその所有者が労働しているか否か、そして／あるいは労働者を雇っているか否かによって、後者ではその非所有者が保有している組織資産と技能／資格資産の種類と量によって、内部分化している。ここから一二の階級が示されることになるが、これは最初の基本的階級配置図に含まれていた階級のちょうど二倍である。しかし、追加された階級はすべて、階級構造の中の非所有者の部分に位置づけられている。このようにライトの2番目の階級配置図は、現代資本主義に特徴的な階級関係の構造の複雑さをより全面的に理論化しようとしている点で、最初の階級配置図の詳細型を連想させるものである。

こうした一般的な利点に加え、非所有の中間階級を次のように理解できる点でも、この階級の再定式化は最初の階級配置図より進歩していると、ライトは主張する。

（中間諸階級は）組織資産と技能資産に対する効果的な統制のゆえに、労働者と対立する利害をもつ。それゆえ資本主義の闘争の中で、「新しい」中間階級は矛盾した位置を、より正確にいえば搾取関係の中の矛盾した位置を構成するのである（Wright [1985：87]）。

ライトはさらに、彼の新しい階級枠組は、どの矛盾する位置が歴史的に最重要のものであるかを明らかにするという。彼によると、資本主義の内部では、最重要の矛盾した位置は「管理者と国家官僚からなる」。なぜならこれらの階級は、「資本主義とはまったく異なる階級組織原理を体現しており、資本主義的な諸関係に対するオルタナティヴを提示する」からである（Wright [1985：89]）。さらに彼は、このことは企業の管理者よりも、そのキャリアが資本家階級の利害と結びつくことの少ない国家管理者によりよくあてはまるのではないかという。

2番目の階級配置図のこの政治的含意は、プロレタリアートの歴史的に革命的な役割についての古典的マルクス主義の命題を公然と無視するものだが、ライトはこの点できわめて率直である。彼は、非所有の中間階級に関する彼の新しい概念が、労働者階級だけでなく「資本主義に対するオルタナティヴを提示する潜在力をもった他の階級勢力が資本主義の内部に存在する」可能性を含むものであり、中でも注目されるのは官僚機構の管理者だと認めている（Wright［1985：91］）。また同様に、この階級配置図の社会学的含意について、「階級形成と階級闘争のプロセスは、伝統的なマルクス主義理論が認めてきたよりも、相当に複雑かつ不確実なものである」と率直に認めている（Wright［1985：91］）。このようにライトの2番目の階級配置図は、マルクスによる階級の社会学とそれに付随した政治的予想を、大きく修正するものなのである。

ライトへの批判

ライトが批判的な省察をとても好んでいることは、2番目の階級配置図の生み出す数多くの問題点についての彼の議論をみるとよくわかる。彼は四つの主要な問題点をあげているが、これらはいずれも、彼の中心概念である搾取に関係している。第1に彼は、「人は、もし管理者や官僚は搾取者だという主張を受け入れたとしても、彼らの搾取の基盤が統制力にあるという主張については、疑念をもつかもしれない」（Wright［1985：92］）として、組織搾取に対する疑問を表明している。第2に、技能搾取と階級の関係について、このような搾取は階級分化の基礎というよりは、階級内分化の基礎なのかもしれない、と疑問を提示している。第3に、異なる種類の搾取相互の関係について明確にできずにいる。たとえば彼は、異なる種類の搾取は（それぞれ独立の要因として——訳者）相互に補強し合うのだと前提したが、実際にはこれは、経験的にみて考えにくいというのである。第4に、人種・宗教・性別のように搾取の基盤には非階級的なものもあるのではないかという問題を取り上げながら、「生産に基盤をおく搾取は、搾取者と被搾取者の間に独特の相互依存関係を生み出すという点で、生産外的な搾取とはまったく異なる種類のものである」と論じている（Wright［1985：98］）。

他の社会学者たちはまもなく、マルクスの階級理論を革新しようとする自らの試みに対する、ライトの自己批判を手がかりに批判を始めた。これら批判者たちのすべては、彼の最新版の理論が、マルクスから離れてウェーバーの階級観に接近するものだという点で一致している（たとえばGiddens［1985］, Carter［1986］, Rose and Marshall［1986］）。たとえば、ウェーバーは階級分析における希少な熟練や専門性の重要性や、これにもとづく非所有の中間階級の独自性を強調した上に、民族的地位のような非階級的要因の役割も強調していたからである。ライトはこの種の批判を予期していて、自分自身のアプローチは、依然として唯物論的すなわちマルクス主義的であって、文化主義的すなわちウェーバー主義的なものではないと断定している。

ライトのアプローチはマルクス主義的ではない、という告発に対してライトが反論する論拠は、次のようなものである。確かにウェーバー主義者は、同じような階級区分の基準をいくつか用いてはいる。しかし、

マルクス主義の枠組では、これらの搾取プロセスに埋め込まれた物質的利害は、行為者たちの主観的状態とは無関係な、客観的性格のものである。これに対してウェーバー主義の見方では、これらの諸関係を階級関係と表現することが正しいといえるのは、合理化の進行によって、行為者たちが物質的利害を独特の仕方で主観的に理解するようになったからにすぎないのである（Wright［1985：108］）。

いいかえれば、マルクス主義的階級概念のライトによる修正版とウェーバー主義的階級分析が接近しつつあるというのは、実質的にというよりは見かけ上のことだというわけである。しかし、そうだろうか。

ライトは自分の著作のいろいろな個所で、ある時は簡潔に（たとえばWright［1979：17］）、ある時はより詳しく（たとえばWright［1985：26-27］）、階級に関するマルクス主義の一般理論を構成するのは何であるかについて要点をまとめている。その決定的な特質は、次のように要約できる（Wright［1979：17］）。

1　階級は「段階的というよりは関係的な観点」によって定義される。

2　「階級関係の中心軸は、市場よりは生産の社会的組織の内部に位置する」。

3　階級関係の分析の基本は、「技術的分業や権威関係よりは、搾取プロセスの検討」にある。

これら三点は相互に関連しているが、分析的にはそれぞれ独立したものと考えることができる。

第1の点は、階級は生産手段に対する関係に注目するものであって、所得、地位、教育などの程度に注目するものではないという、マルクス主義の基本的な論点を示唆するものである。階級は他の階級との関係によって定義されるとともに、財産のように段階的な性質をもってはいる。しかし重要なことは、階級を定義するのはこれらの分配的側面ではなく、関係的な性質だということなのである。ライトのすべての階級配置図は、その中心に古典的マルクス主義の資本家—労働者階級の二極対立図式を含んでいるという点で、関係的なものである。ところが彼は、さまざまな階級配置図を作り上げる過程で、いつのまにか段階的な要素に踏み込んだ。たとえば階級配置図Ⅰ（詳細型）のトップの管理者と中間管理者の区別は、資本主義のヒエラルキー内部における統制力の程度にもとづいている。このように段階的な階級を示す言い方をしていることからわかるように、ライトは矛盾した諸階級を区別するために、段階的な要素に頼っている。

ライトの階級配置図Ⅱは、支配中心の階級モデルから搾取中心の階級モデルへと転換したものだが、やはり同様の批判があてはまる。具体的にいうと、所有による搾取は関係的なものであるのに対して、組織資産と技能／資格資産は、おそらく関係的ではなく段階的なものである。たとえば、技能や資格の所有が、収入の格差というよりも専門家による非専門家の搾取をもたらすのだと考える理由は明確でない。そしてライトは、やはり段階的な言い方に頼ることによって、このことを事実上認めてしまっている。このように非所有者の内部分化は、組織資産と技能／資格資産の程度を区別することによって可能になるのである。おそらく非所有の中間諸階級は、関係的に定義される独立した階級なのではなく、段階的な階級諸分派と考えるべきなのだろう。詳しく検討しているわけではないが、ライトもこの可能性について言及している（Wright［1985：95］）。

ライトのいうマルクス主義階級理論の第2の決定的特質は、階級は関係的なものであると同時に、生産中心の概念だと主張するところにある。この点については、ライトも気づいていたように、二つの問題がある。第1に、生産の社会的関係をどう定義するかについては、たとえば所有関係のみによって定義するのか、組織資産のような他の要素とも結びつけて定義するのかなど、マルクス主義者の間にも合意がない。第2に彼は、ウェーバーとマルクスが二人とも、生産にもとづいて階級を定義していること──「ウェーバーは資本、労働力そのもの、技能の所有によって、マルクスは資本、労働力の所有によって」（Wright［1985：107］）──を認めている。ライトによると、二人の違いは、ウェーバーがこれらの資産が取り引きされる市場交換の観点から生産をみているのに対して、マルクスがそれが生み出す搾取の観点から生産をみているというところにある(Wright [1985 : 107])。

ライトが搾取の概念を拡張して、私有財産の所有にもとづくものの他に二種類、つまり組織と技能/資格にもとづく搾取を含めたとすれば、彼の現時点での立場は、事実上ウェーバーと同じである。というのはウェーバーも、「所有と所有の欠如が……すべての階級状況の基本カテゴリーである」(Weber [1961 : 182])という点でマルクスに同意し、その上で他の要因、たとえば技能が、同様に非所有者内部に階級分化を作り出すと論じているからである。したがって、階級を生産によって定義するか市場によって定義するかという違いを考慮しても、ライトの新しい階級図式がウェーバーの階級概念と実質的に異なるとは考えにくい。結局のところ、問題は生産関係と市場をどう定義するか、階級のこうした諸側面に対するマルクス主義とウェーバー主義の見解をどう解釈するかにかかっているのである。

ライトのいうマルクス主義階級理論の第3の決定的特質は、階級と職業の区別に関わるものである。生産の技術的または権威的関係に注目し、職業にもとづいて階級を定義する非マルクス主義者たちとは対照的に、マルクスと、ライトを含むネオ・マルクス主義者たちは、搾取を伴う生産関係にもとづいた階級概念を強調する（Wright [1980a, 1980b]）。この違いは、階級関係は本質的に敵対的であるという、マルクス主義の基本命題の源泉であるとともに、ライトの階級配置図の核心でもある。

ところが、彼の階級配置図Ⅰの詳細型と階級配置図Ⅱに含まれる「中間階級」の階級的位置は、職業ヒエラルキーの分析にもとづいて識別される。すでにみたように、もともとライトは、これらの労働者階級ではない被雇用者を、貨幣（すなわち投資）、物質的生産手段（すなわち生産活動）、労働力（すなわち他者）に対する、統制力の違いによって定義していた。このようにライトは、中間的な階級的位置についての自分の定義に統制関係が関与していることを十分認識していたが、それは中心的というよりは副次的な重要性をもつにすぎないと考えたのである。以上からみて職業という要因は、最小限に見積もっても、ライトの階級分析において、はじめから排除されていたわけではないといえる。

搾取中心の階級概念を新たに採用することによって、以上のような問題はどれほど解決されただろうか。ライトは、組織資産と技能／資格資産は、副次的だとはいえそれぞれに搾取の形態であり、敵対的な階級関係の基盤だと主張した。しかしこれとは逆に、これらの資産は独立したものではなく、したがって搾取の独自の形態の基礎となるものではなく、むしろ職業の性質を示すものだと論じることもできたはずだ。たとえばカルケディは、「資本財の組織を統制することは、実質的に経済的な意味でこれらを所有することなのだから、資本財の所有と組織資産の所有を区別する意味はない」(Carchedi [1989:110]) と主張している。また、技能や資格をもつ労働者は、他の非所有の労働者たちと協働して資本主義的搾取者の利益を実現するのだという指摘もある (Stinchcombe [1989:177])。これらの指摘は、ライトの多元的搾取と多元的階級的位置の理論に、重大な疑問を提示するものである。このように組織資産と技能/資格資産の不平等な配分は、搾取を含んだ階級関係の基盤なのではなく、非所有階級内部の技術的分業や権威関係に関わるものなのである。

したがって、マルクス主義階級理論に関するライト自身の特徴づけにしたがうと、関係的な要素とともに段階的な要素を含む彼の二つの階級配置図はいずれも、厳密にはマルクス主義的でないということになる。彼のこの特徴づけには、別の問題もある。剰余価値の理論とプロレタリア革命の理論も、同様にマルクス主義にとって決定的な意味をもつものだといっていいはずで、彼もこれらがマルクス主義階級理論にもつ重要性を認識している。にもかかわらず、彼はこれらを決定的特質のうちに含めるのを怠っている。おそらく、これは彼が、先進資本主義においては「中間階級」が「資本主義に対するオルタナティヴを提示する潜在力」をもつと考えているからだろう（Wright [1985 : 89]）。

ゴールドソープのネオ・ウェーバー主義的階級理論

ゴールドソープは、一九六〇年代から英国の階級構造を分析し続けている（Goldthorpe and Lockwood [1963]）。彼がロックウッドらと行なった初期の調査研究は、マニュアルの労働者階級とノンマニュアルの中間階級の区別を基本にしたもので、当時広く使われていた職業的地位尺度を用いている（Goldthorpe *et al.* [1968, 1969]）。この「豊かな労働者」研究プロジェクトで使われたのはホール＝ジョーンズ尺度の改良版だが、これはオックスフォード（男性）社会移動研究*として知られる調査研究で、ゴールドソープが作成した階級図式とほぼ同じものである。二つの階級図式の階級カテゴリーには対応関係があり、これらはいずれもホワイトカラー／サービス階級、中間階級、マニュアル／労働者階級という同じ名前のグループにまとめられている（Goldthorpe *et al.* [1969 : 197], Goldthorpe [1987 : 40–43]）。

（訳注）（男性）とわざわざつけられているのは、当時の社会階層研究が研究対象から女性を排除していたことに対する著者の皮肉である。

よく使われるゴールドソープの七階級図式は、「ホープ＝ゴールドソープ職業尺度合併版（三六カテゴリー）のカテゴリーを統合」して作られたものである（Goldthorpe [1987：40]、同様にGoldthorpe and Hope［1974］も参照）。カテゴリー統合は、「尺度の内部での順序を考慮せずに行なわれた」ので、最終的にこの階級図式は「一貫してヒエラルキー的」というわけではなくなっている（Goldthorpe［1987：43］）。ゴールドソープはまた、これらの階級カテゴリーは「職業的機能と就業上の地位の両方によってかなり明確に分化していて、関連する就業上の地位は職業の定義の一部として扱われている」（Goldthorpe［1987：40］）という意味で、強い弁別力をもつものだと主張している。このように生産の技術的関係と生産の社会的関係を結びつけた階級図式を構成するのは、こうすることによって区別された諸階級にそれぞれ、「特徴的な市場状況と職業状況をおおむね共有した人々」（Goldthorpe［1987：40］）が集められることになるからである。つまり、

われわれは事実にもとづきながら、一方では人々の収入の源泉と量、経済的な安定

度や経済的成功のチャンス（市場状況）という点で、他方では従事している生産過程を支配する権威・統制のシステムの中で人々が占める位置（職業状況）という点で、ほぼ同じ特徴をもつ人々がまとめられるような形で、職業カテゴリーを統合した（Goldthorpe [1987：40]）。

ライトとはまったく対照的に、ゴールドソープはこのように要点を解説しただけで、他には最小限の説明しか加えずに階級図式を提示している。しかしながら、交換可能な財産と市場で役に立つ知識／技能の所有という、ウェーバーの考えた階級の二つの基本要素をひとつのモデルにまとめ上げようとしている点で、この階級図式がウェーバーの系譜に連なるものであることは明白である。このことはゴールドソープ自身が別の著作ではっきり認めているし（Goldthorpe and Bevan [1977：280–1]）、他の論者からも指摘されてきた（たとえば、Marshall *et al.* [1988：21]）。このようにウェーバーとゴールドソープを理論的に結びつける水路となったのが、ロックウッドによる市場状況と職業状況の区別であることはいうまでもない（Lockwood [1958]）。ロックウッドにしたがって、ゴールドソープはこの二つの次元を「階級的位置の二つの主要な要素」（Goldthorpe [1987：40]）だと主張している。

図2・4　ゴールドソープの階級図式（オリジナル版）

Ⅰ	自営または被雇用の高度専門職，上級行政官・職員，大企業・大規模事業体の管理職，大規模所有者
Ⅱ	下級専門職と上級技術者，下級行政官・職員，中小企業・小規模事業体・施設の管理職，ノンマニュアル被雇用者の監督者
Ⅲ	行政・企業の単純ノンマニュアル被雇用者，店員，その他の施設職員
Ⅳ	小規模所有者，自営職人，その他自営の非専門職
Ⅴ	下級技術者，マニュアル労働者の監督者
Ⅵ	全産業の熟練マニュアル労働者
Ⅶ	半熟練・非熟練労働者，農業労働者

注）　階級Ⅰ・Ⅱ：サービス階級
　　　階級Ⅲ・Ⅳ・Ⅴ：中間階級
　　　階級Ⅵ・Ⅶ：労働者階級
出典）　Goldthorpe［1987：40-43］

図2・5　ゴールドソープの階級図式（改訂版）

1	階級Ⅰ・Ⅱ：すべての専門職，経営者と管理職（大規模所有者を含む），上級技術者とノンマニュアル労働者の監督者
2	階級Ⅲ：行政・企業の単純ノンマニュアル被雇用者・店員，その他の施設職員
3	階級Ⅳab：小規模所有者，自営職人，その他自営の非専門職（第一次産業を除く）[a]
4	階級Ⅳc：自作農，小自作農，その他第一次産業の自営業者
5	階級Ⅴ・Ⅵ：下級技術者，マニュアル労働者の監督者，熟練マニュアル労働者
6	階級Ⅶa：半熟練・非熟練労働者（第一次産業を除く）
7	階級Ⅶb：農業労働者，第一次産業のその他の労働者[b]

注）　a）　可能な場合は，被雇用者のいる者といない者をそれぞれⅣa，Ⅳbと区別する
　　　b）　ローマ数字と添字による表示はゴールドソープによる（Erikson and Goldthorpe［1992：37］）
　　　階級Ⅰ・Ⅱ：サービス階級（1）
　　　階級Ⅲ・Ⅳab・Ⅳc：中間階級（2, 3, 4）
　　　階級Ⅴ・Ⅵ・Ⅶa・Ⅶb：労働者階級（5, 6, 7）
出典）　Goldthorpe［1987：305］

このようにこの三階級区分の基本前提は、市場状況と職業状況の上で同等とみられる諸階級をまとめるということである。サービス階級は所有階級と非所有階級を含むが、職業はすべてホワイトカラーであり、他のすべての階級より特権的とみなされている。中間階級は、所有階級と非所有階級、ホワイトカラー職とブルーカラー職をともに含んでいるという二重の意味で、混成的である。労働者階級は非所有のマニュアル労働者のみを含むという点で、唯一の「純粋」な階級である。結果的に、サービス階級と中間階級は関係的な要素と段階的な要素の両方を含んでいることになる。ゴールドソープと彼の共同研究者たちはこの階級図式を、イングランドとウェールズ（まとめて英国と称されている）の男性の社会移動の研究に用いた。

図２・５の階級図式は、（男性の）社会移動に関する国際比較研究のために改訂されたものだが、七階級図式は維持されている（Erikson, Goldthorpe and Portocarero [1979]）。主要な変化は、二つのサービス階級すなわち元の図式の階級Ⅰと階級Ⅱ、階級Ⅴと階級Ⅵが、「国の違いに関わりなく首尾一貫した方法で区別するのは困難」（Goldthorpe [1987：304]）という理由から合併されたことである。さらに、「国際比較の目的からすれば、階級Ⅳと階級Ⅶから農業部分を分離して、農民の階級であるⅣｃと農業労働者の階級であるⅦｂを区別することが望ましく、また可能である」とされ

た（Goldthorpe［1987：305］）。

これらの変更でもっとも当惑させられるのは、階級Ⅴと階級Ⅵがひとまとめにされ、拡大された「労働者階級」へと含められていることだろう。なぜなら元の階級図式では、前者の下級技術者とマニュアル労働者の監督者からなる階級は、「サービス階級と労働者階級の中間」という構造的位置を占めるということで、「中間階級」と表現されていたからである。労働者階級というカテゴリーと並んで、「ブルーカラー階級」という用語が使われているところからみて、こうした問題点は認識されているのかもしれないが、冒頭部分にこれらの「ブルーカラー・エリート」は中間階級だという記述がみられる他には（Goldthorpe［1987：309, 42］）、何の検討もされていない。最近になってゴールドソープは、階級に対する自分のアプローチについてより詳細に説明しているが、そこでも下級技術者とマニュアル労働者の階級的性格は問題をはらんでいると繰り返されるだけで、解決はされていない（Erikson and Goldthorpe［1992：44］）。彼らは、一方ではその権威と職位によって中間階級の一部とみなされ、他方ではその限られた昇進可能性と仕事の一部がもつマニュアル的性格から、労働者階級内部の「熟練労働者」部分の一部とみなされる。少なくともここでいえるのは、ゴールドソープのいう下級技術者・マニュアル労働者の監督者という階級は、決して均質的なものではなく、彼の階級図式の三階級区分で決定的な意味をもつマニュアル／ノンマニュアル区分の有効性に疑問を投げかけているということである（Ahrne [1990], Penn [1981]）。この点は次節の主題である、階級に対するゴールドソープのアプローチへの批判につながるものである。

ゴールドソープへの批判

ゴールドソープの初期の階級分析では、ノンマニュアルの中間階級とマニュアルの労働者階級の違いを中心に構成された職業尺度が用いられていた。「階級」構造に対するこうしたアプローチには多くの批判の目が向けられてきたが、これらについては次節で論ずることにしよう。この批判は、先にみた二つの七階級図式（いずれもネオ・ウェーバー主義的な原則によって構成されたもの）に対しても向けられていて、次章で論じる問題のいくつかも先取りしている。二つの図式は、それぞれ英国内の社会移動についての研究と、社会移動の国際比較研究（英国、フランス、スウェーデン）という異なる研究目的のために作られたものだが、その構成の上で関係しており、共通点が多い。

先進資本主義社会の階級構造を概念化しようとするゴールドソープの試みに対する第1の批判は、ひとつの階級図式の中に、またひとつの階級グループの中に、関係的次元と段階的次元が同時に用いられているというものである。オソウスキー（Ossowski［1963］）によると、階級の関係的な定義は一般に、真っ向から対立する二つの階級に特徴づけられる、本質的に二分法的な構造を想定するもので、この二つの階級の関係が他に優越している。反対に階級の段階的な定義は、いくつもの部分から構成されていて、それぞれの部分がひとつあるいはそれ以上の観点から他に比べて高いとか低いとみなされるような、最低限でも三分法的な構造を想定している。搾取を伴う階級構造というマルクス主義の理論は、前者のよく知られた、また優れた代表例であり、技能や威信のヒエラルキーにもとづく職業階級／地位モデルは後者の代表例である（次節も参照のこと）。階級へのゴールドソープのアプローチは、関係的な要因よりも段階的な要因に力点がおかれていて、大部分がヒエラルキー的な用語で表現されているものの、ライトの改訂版の図式（階級配置図Ⅱ）と同様、ひとつのモデルに二つの要素を混在させているのである（Ahrne［1990］）。

これに関連して第2の問題は、「サービス階級」という語の用法に関するものである。この用語は、一九五〇年代にネオ・マルクス主義社会学者のレンナー（Renner

［1978］）によって導入され、さらにネオ・ウェーバー主義社会学者であるダーレンドルフ（Dahrendorf［1964］）が、私的または公的な資本を運用する、階級構造の中間部分に位置する人々を指すものとして発展させたものである。アバークロンビーとアーリーは、ゴールドソープの「サービス階級」の概念が、それ以前のものとはまったく異なると指摘している。

第1に、それは資本家に対するもしくは官僚機構内でのサービスの遂行によって結ばれた階級ではなく、職業の集積である。第2に、それは中間階級ではなく、むしろヒエラルキーの頂点に位置している（Abercrombie and Urry［1983：32］）。

このようにゴールドソープは結局のところ、サービス階級の重要性を強調して資本家階級を軽視したのである。サービス階級の被雇用者を大規模所有者とひとまとめにするのは、これら二つの階級が所得や権力といった特定の観点からみて同等だという意味であり、ここでは両者の独自性が軽視されている（Penn［1981］, Savage *et al.*［1992］）。私的および公的な官僚機構の頂点に位置する専門職または管理職は資本所有者と区別できないという主張は、「個人的な形態での統制が弱まったからといって、必ずしも資本家階級そのものが没落したということにはならない」(Scott [1991 : 65]、同様にBottomore and Brym [1989] も参照) という理由からも批判されうる。スコットのいうように、サービス階級は資本に、したがって資本家に「奉仕 (サービス)」しているのである。

さらに続いて第3に、単純ホワイトカラーの被雇用者と小規模所有者を「中間」と名づけられた広い階級に位置づけることは、矛盾と混乱を招く (Penn [1981])。その主要な理由は、次のとおりである。公的セクターの官僚機構の被雇用者の大部分に比べると、小規模所有者の一部は非常に不安定な階級的位置にある。また他方、私企業の事務部門の被雇用者の多くに比べると、小規模所有者は非常に有利な階級的位置にある。そもそも、資本主義的な価値が支配する社会においては、他の事情が等しければ経営者を被雇用者より上位に位置づけるべきだという議論もありえよう。

第4に、階級に対するゴールドソープのアプローチは、世帯を階級分析の単位とした上で男性世帯主に注目していること、とくに初期の社会移動研究で、研究対象を男性に限定する傾向があることなどから、多くの「フェミニスト的批判」にさらされてきた (Abbott and Wallace [1990])。

具体的には、単純ノンマニュアル職の女性は職業状況の上でも市場状況の上でもかなり独特なので、「ゴールドソープの階級は、女性の職業に適用するためには改訂の必要がある」(Heath and Britten [1984 : 279]) と指摘されている。実際、ゴールドソープはこの点を認めて、階級Ⅲを Ⅲa、Ⅲbの二階級に分け、Ⅲbを労働者階級であるⅣと合併させれば、「この階級図式で、女性をより適切に各階級へ位置づけることができる」としている (Goldthorpe [1987 : 279])。これに対して何人かの論者は、女性の階級状況の特質を考慮するためにはこのような改訂では不十分だとして、別の階級図式を考案している (Murgatroyd [1982], Dale *et al.* [1985]、同様に Abott and Sapsford [1987] も参照)。

最後に、ゴールドソープの階級図式についてのもっとも新しい説明では、この図式はマルクスとウェーバーの古典的業績に由来するものだとされている。そして雇用関係が階級の中心だとするマルクス的、ウェーバー的な前提から出発しながら、雇用主、自営業者、被雇用者という「基本的な三階級構成」が描かれ、これがさらに、五階級、七階級、一一階級からなる階級図式へと展開されていくのである (Erikson and Goldthorpe [1992 : 37])。この拡張版の図式では、サービスの種類が区別されたり、中間的労働者とノンマニュアル労働者が区別されることによって、マルクス主義の欠点だといわれている被雇用者階級内部の多様性の無視という問題を回避しているが、それでも階級内部、とくにサービス階級内部が均質なのかどうかという問題は、未解決のままである。

職業階級（地位）について

階級に対しては、英国や米国の社会学的な研究でよく使われる、もうひとつのアプローチがある。それは、階級を職業的地位によって定義するものである。これらの研究で使われているような職業的地位カテゴリーを階級と呼ぶ傾向は、大きな混乱を招く可能性が高く、階級と地位の関係をめぐる複雑な問題やあいまいさを反映したものと考えられる（Abercrombie and Urry [1983], Duke and Edgell [1987], Giddens [1979], Lockwood [1958]）。またこの傾向は、論争的で、高度に政治的で、しかもマルクスと切っても切れない関係にある階級という用語を快く使おうとしなかったり、消費パターンや生活様式の変化によって容易に獲得できるように思われるという理由で、ウェーバーの地位という概念を好んで使おうとすることのあらわれとも考えられる。理解しやすくするため本書では、ライトが初期の著作で主張しているように（たとえば

Wright [1976, 1979]）、社会階級という用語を生産の社会的関係（すなわち雇用関係）に関連するものに限定して用いることにしている。職業階級という用語は、英国や米国の公式統計で用いられているような、職業のひとつあるいは複数の特徴、たとえば威信や技能などを基礎とした分類図式のための用語としてのみ許容することにしよう。これらは政府公認の分類なので、しばしば「公式階級分類」と呼ばれている（Nichols [1979], Marshall [1988]）。

図2・6　一般登記簿の「社会階級」

1	専門的職業
2	中間的職業
3	熟練的職業
4	半熟練的職業
5	非熟練的職業

出典）　Leete and Fox [1977 : 2]

「階級」に対するこのアプローチの好例は、二〇世紀に英国の一般登記簿によって開発されてきた職業地位尺度である。一九一一年の国勢調査以来、一般登記簿は各職業をそれぞれが社会に占める地位にしたがって分類し、「社会階級」として知られる五つのおおまかなカテゴリーに位置づけている。一九七一年の国勢調査までは、主要な「階級」が図2・6のように列挙されていた。

一般に、階級1と2の職業はノンマニュアル、階級4と5の職業はマニュアルとみなされている。階級3は規模が大きく、混成的な性格をもっているので、社会調査者たちはしばしばこれを3N（ノンマニュアル）と3M（マニュアル）に分けている。この慣例は、一九七〇年の職業分類で標準的な方法として採用された（Leete and Fox [1977]）。以上のようにこの分類は、本質的には職業的地位ヒエラルキーであり、社会の主要な境界線はマニュアル職従事者とノンマニュアル職従事者の間にあるとするものである。

一九八〇年、一般登記簿は五〇年以上の伝統を放棄して、「社会階級」を職業威信よりもむしろ職業的技能にもとづくものとして再定義した（OPCS [1980]）。しかしこの変更は、実質的というより見かけ上のもので、比較可能性が維持されるように、各階級はそのまま残されている（Boston [1980], Brewer [1986]）。このように一九七〇年代と一九八〇年代の公式階級分類は、発想の上では大きく異なるものの、「さまざまな社会的変数や、教育・保健変数との実証的な関係には、重要な変化がない」（Brewer [1986 : 131]）。英国では、この一般登記簿の階級に対する職業的アプローチが公式統計を支配しており、最近までは実証研究をも支配してきた（Nichols [1979], Duke and Edgell [1987]）。

職業的地位尺度の背後の主要な前提は、職業は諸個人の社会的地位の最良かつ唯一の尺度だというものである（Szreter [1984]）。ドラディ（Drudy [1991]）は、この種の公式職業階級分類が用いられ続ける基本的にプラグマティックな理由を、次のようにまとめている。

1　政府の分類なので、研究者たちが自分の知見を公式統計と比較することを可能にする。

2　必要なのは単純な職業の記述だけで、詳しい情報は必要ないので、使いやすく、また解釈も容易である。

3　長期にわたって使用されてきており、また現在でも社会調査者たちや政策立案者たちによって広く使われているので、さまざまな比較研究に適している。

しかしこの分類は、先にみた二つの階級図式とは異なり、マルクス主義やウェーバー主義による理論的裏づけをもっていないことから、多くの批判にさらされるようになってきた。確かにその知的起源は理論的というよりも経験的なものだが（Szreter［1984］）、地位尺度によって把握できるような職業のヒエラルキーが存在するという発想には共通の価値が前提されており、それはこの図式が、社会階層に対する機能主義的アプローチの一種であることを示している（Tumin［1970］, Drudy［1991］）。仮に同一の職業はすべての社会で同一の威信を得ているとしても、その多くは技能水準の向上や低下、女性化などのプロセスの結果、時とともに格下げされたり格上げされたりする（Davies［1980］, Dex［1985］）。さらにまた、公式階級分類が「本質的に、地位に関する記述的カテゴリー」であることを考えると、このような階級分類は支配的イデオロギーの中心的な諸要素と調和的だということもできる（Nichols［1979：165］）。この点で重要なのは、近代資本主義は、個人的に達成された職業移動に特徴づけられ、はっきり認められるような資本家階級のいない、統一された社会の形態だというイデオロギーである（Drudy［1991］）。結局のところ、公式階級分類とこれに付随する経営者支配のイデオロギーは、資本家が存在すること、そしてその特権が相続されたものであることを、否定する傾向がある。したがって、このような階級分類は、階級と関連した収入の不平等を記述することはできても、資本の所有から生じるより大きな不平等を説明することができないのである。

この分類はまた、不明確でおおざっぱなカテゴリーへとコード化するものなので、信頼性が低いことが明らかにされている（Leete and Fox［1977］）。分類上の欠点はとくに、熟練マニュアル職とノンマニュアル職の区別が必要な、ヒエラルキーの中間部で深刻である（Bland［1979］）。さらに、少数の労働者の管理者が大組織の管理者と同じ階級に含められるなど、各職業を「社会階級」へと位置づける手続きにも奇妙な点が多い（Drudy［1991］）。

こうした理論的・経験的批判に加えて、二〇世紀以来英国で用いられてきた公式職業分類の歴史に関する検討からは、これが「時代遅れ」で「単純すぎ」、結局のところ「似非分析的」概念であるという結論が得られている（Szreter［1984］）。近年、分類の基礎が威信から技能水準へと変更されたことも、以上のような評価をほとんど変えるに至っておらず、この分類はいまも、「恣意的で粗っぽいがよく使われる、不平等の尺度」であり続けているのである（Brewer［1986：139］）。

要約と結論

マルクス主義とウェーバー主義の階級概念には、常に重なり合う部分があった。ウェーバーもこのことを認識しており、階級分析においては所有が中心的であり、身分状況より階級状況の方が重要であると述べていた。それはまた、「『階級』要因は最優先の重要性をもっている」（Lockwood［1958：212］）というロックウッドの結論によっても確認された。さらにロックウッドとゴールドソープは、ずっと以前から「ウェーバーの『階級状況』という概念は、マルクスの概念ときわめて近い」(Goldthorpe and Lockwood [1963：157]) という見解を維持している。近年の、マルクスの階級論に所有以外に基盤をもつ階級を導入しようとするライトの試みや、職業状況と市場状況の区別によってウェーバーの階級論を精緻化しようとするゴールドソープの試みは、両者の収斂をさらに促進している。より具体的にいうと、ライトとゴールドソープはいずれも、階級的な優位は財産の所有、知識および(または)技能の保有、肉体的労働力の保有から生じると考えており、このため彼らの階級図式を構成する階級状況や階級区分はしだいに似通ったものになっている。したがって、「何が社会階級を構成するのか、……今日の階級配置はどのようになっているのかについては、コンセンサスができつつある」(Waters [1991：163]) ということができる。

しかしながら、エリクソンとゴールドソープのように (Erikson and Goldthorpe [1992：37])、マルクス主義とウェーバー主義の階級概念は対立するというこれまで広く受け入れられてきた考えを否定するとしても、少なくとも次の相互に関連する三つの特徴は認めておく必要がある。第1に、近年のネオ・マルクス主義とネオ・ウェーバー主義の階級に対するアプローチは、いずれも雇用と職業という次元を含んでいるが、前者は基本的に関係的であるのに対し、後者は基本的に段階的なアプローチである。第2に、ネオ・マルクス主義は他から区別される資本家階級という概念を維持しているが、ネオ・ウェーバー主義はこの小規模だが強力な階級の存在をあいまいにする傾向がある。最後に、ライトのネオ・マルクス主義では、現代社会の階級構造の中の主要な断層は雇用主と被雇用者の間にあるが、これに対してゴールドソープのネオ・ウェーバー主義理論の三大階級図式では、主要な境界はノンマニュアル労働者とマニュアル労働者の間にある。要するに、ネオ・マルクス主義の最大の強みが資本家階級をそれ以外から区別しているところにあるのに対して、ネオ・ウェーバー主義理論の最大の強みは、さまざまな非資本家階級を区別するところにある。見方を変えると階級に対するこれら二つのアプローチの限界は、それぞれが区別する階級がどの程度まで均質的なのかという点にある。ライトの場合には、プロレタリアートという概念に多くの単純ホワイトカラー職の労働者が含まれていて、これらの人々は移動のチャンスや階級帰属意識、投票行動などがマニュアル労働者階級と明らかに異なると指摘されている（Marshall [1988], Marshall *et al.* [1988]）。同様にゴールドソープについては、サービス階級の定義に雇用主と被雇用者など広い範囲の階級状況が含められていること、ノンマニュアル階級も多様性が大きいことが指摘されている（Savage *et al.* [1992])。

他方、職業階級分類は明らかにヒエラルキー的で、資本家階級の存在を完全に否定している。階級図式が職業を基本に作られたものであればあるほど、職業というものが本来もっている動態的な性格が階級図式を混乱させることになるが、この問題は国際比較（ILO [1968]）、階級の歴史的比較（Hakim [1980]）、そしてもっぱら職業のみにもとづいたモデルの場合（Duke and Edgell [1987]）で深刻である。

以上のように階級の理論的意味を明らかにすることは、社会学の中心的でありながら高度に論争的なこの概念を操作化する手続きの、最初の一歩である。

第3章　階級の測定

はじめに

階級という概念に対する、先の二つの章で論じたような古典的または現代的なアプローチを、測定可能な形に変換する手続きのことを操作化という。「科学的社会学」を発展させることは望ましいことであり、また可能であるという立場に立つならば、概念を操作化する手続きは、信頼性（同一条件の下で測定を繰り返せば同一の結果が得られること）のある、また有効性（尺度が研究者の研究しようとする現象を正確に代表していること）のあるデータを得るために決定的な意味をもつ。このように操作的定義は、社会学的分析に明快さと正確さを与えるものであり、したがって実証的社会学の核心に位置するのである（Pawson［1989］を参照）。階級は、社会学におけるもっとも重要な、広く用いられると同時に乱用もされてきた概念のひとつであり、さらにもっとも論争的な概念のひとつでもあるから、この用語をどのような意味で用いるのかだけでなく、これをどのように測定するかについて、最初から明らかにしておくことが不可欠である。しかし最近まで、理論的あるいは本質論的な研究は過剰なまでに存在するのに対して、階級分析のこうした側面はほとんど注意を払われてこなかった。こうした問題が強調されるようになったのは、ネオ・マルクス主義が抽象的な理論から実証分析へと転換したこと（たとえばWright［1979］）、そして「男性中心的」社会学に対するフェミニストからの批判（Abbott and Wallace［1990］）が噴出したことによるものである。

伝統的階級分析法に対する批判

英国の現代社会学で階級がどのように操作化されてきたかについての最近の研究では、大部分の研究が階級を職業によって定義していたこと、フルタイムで経済活動に従事する人々のみに関心を向けてきたこと、家族が階級分析の基本単位であり、家族の階級的位置は男性世帯主の職業によって決定されると前提されてきたことなどが明らかにされている（Duke and Edgell [1987], Edgell and Duke [1991]）。階級の測定についてのこうしたアプローチは、伝統的階級分析法と名づけられた。

この階級観に対しては、（1）実証的批判、（2）フェミニスト的批判、（3）経済部門の区別をめぐる批判、（4）ネオ・マルクス主義的批判という、相互に関連する四通りの批判が可能である。

1　伝統的階級分析法に対する実証的批判の主要な論点は、それが代表性のないサンプルにもとづいて階級を論じているというものである。というのは、経済活動に従事している男性のみに関心を向けているために、英国のような社会では最悪の場合、成人人口の三分の二が除外されてしまうからである（Duke and Edgell [1987]）。このアプローチで除外される主な社会的カテゴリーには、女性、退職者、学生、失業者と不完全就業者が含まれる。これらの人々は、パートタイム労働者の大部分が女性であるというように部分的に重複してはいるが、女性労働者、臨時労働者、退職者、失業者、学生などの増加を特徴とする社会では、伝統的階級分析法に沿った研究にもとづく一般化は、いままで以上に疑わしいものとなる。

2　伝統的階級分析法に対するフェミニスト的批判は、階級の操作化をめぐる社会学的な論争の最前線に位置してきた。このため、階級の測定におけるジェンダー的次元に関する文献は、過去三〇年間のさまざまな学術雑誌論文（Watson and Barth [1964], Acker [1973], Heath and Britten [1984], Wright [1989] など）、論文集（Gamarnikow *et al.* [1983], Crompton and Mann [1986] など）、事例研究（Abbott and Sapsford [1987], Edgell and Duke [1991] など）、専門的教科書（Dex [1985], Roberts [1981] など）、概説的教科書（Abbott and Wallace [1990] など）などのように数多くあらわれ、注目を集めている。フェミニスト的批判の主要な論点は、階級分析から女性を先験的に除外するという方法は性差別的であり、また非社会学的だというものである。女性を分析から除外するのは、人口の半分を占めるこれらの人々を、階級分析に含めるほど重要なものではないとみなすことになるから、性差別的である。またこの方法は、女性と個々の階級研究との関係を確かめることもせずに女性を排除するという点で、まったく不当と思われる前提に研究を基礎づけているから、非社会学的である。家庭の外で働く既婚女性の増加や単親家庭の増加といった社会の趨勢は、フルタイムで経済活動に従事する男性、そして／あるいは男性世帯主のみに関心を向ける伝統的階級分析法に対するフェミニスト的批判の有効性が、歴史的にみてもより強まっていることを示すものである。妻が夫より高い職業階級に所属しているような階級横断的家族の場合を考えると、それはますます明らかとなる（McRae［1986］）。

3　経済部門の区別をめぐる批判は、公的部門と私的部門に分かれている被雇用者を、うまくひとつの階級にまとめることができるかどうかに関するものである。二〇世紀を通じて、米国、英国、大陸ヨーロッパで国家セクターが成長してきたことを考えると（O'Connor［1973］）、この社会的分化を階級分析の中で見逃すわけにはいかない。実際ここ一〇年間ほどの英国では、公的部門が縮小し私的部門が拡大する中で、労働組合組織率の高い公的部門の被雇用者と、組織率の低い私的部門の被雇用者の違いが政治的に重要性を増してきたと考えられている（Dunleavy［1980］, Dunleavy and Husbands［1985］, Edgell and Duke［1983, 1991］）。したがって、経済部門別分析と両立可能な階級図式を採用すべき十分な事情はある。社会階級、職業階級、両者の混成のどれを選ぶかという点からいえば、経済部門分類ともっとも適合するのは社会階級である。というのは社会階級分類の場合、大小の雇用主は自動的に自営に分類され、被雇用者のみが公的部門と私的部門に分けられるからである。階級効果と経済部門効果をひとつのモデルにまとめることができると、階級分析に好都合なことは、すでに明らかにされている（Edgell and Duke［1986］）。階級分析ではマニュアル／ノンマニュアルの区別——この区別の解釈には不確定なところがあるとしても（Erikson and Goldthorpe［1992］）——を堅持すべきだという提案（Marshall［1988］）も、このように被雇用者を区分すれば受け入れ可能である（Dunleavy and Husbands［1985］）。

4　ネオ・マルクス主義的批判については、ゴールドソープの研究をめぐってすでに論じているので（第2章参照）、ここでは伝統的階級分析法に関する限りで簡単に要約と説明をしておけば十分だろう。階級の測定についてのこのアプローチは、社会階級よりも職業に重きをおいている。段階的な階級図式は、資本家階級というもっとも強力かつ特徴的な階級を不明瞭なものにしてしまうと主張するネオ・マルクス主義の資本主義社会論からすれば、純粋に職業のみにもとづく階級尺度は、この重要な階級をみえない存在におとしめるものだということになる。いいかえれば、このような方法はゴールドソープのような混合型の階級図式と同じように、階級の、所有という基盤と所有以外の基盤（たとえば、組織資産や技能資産）をごちゃ混ぜにしてしまう上に、生産手段の所有という次元を完全に無視して階級図式を作り上げるものである。ここには、伝統的階級分析法の基本的な特徴であるマニュアル／ノンマニュアルの二分法は資本主義社会におけるもっとも重要な社会的分断、すなわち資本の所有者と非所有者の利害対立を表現できないという批判が含まれている。市場システムの変転によって被害をこうむるのは、マニュアル労働者だけではないのである。ネオ・マルクス主義からのもうひとつの批判は、職業を基本とした階級の尺度は、技能水準の低下と向上という二つのプロセスを含む職業構造の変化に影響されやすいという点を問題にするものである（Duke and Edgell［1987］）。このような変化が起こると、技能水準の変化に影響されたすべての職業の相対的な位置を見直すことが不可欠となるが、そうすると今度は、歴史的に一般化しようとするすべての試みが困難になってしまうのである。

要約すれば、伝統的階級分析法に対する最初の二系統の批判――実証的批判とフェミニスト的批判――は、階級分類を誰に対して適用すべきかという問題をめぐるものであるのに対して、三番目と四番目の批判――経済部門の区別をめぐる批判とネオ・マルクス主義的批判――は、階級の理論的・概念的基礎に関するものである。これらの批判は多かれ少なかれ、ネオ・マルクス主義的およびネオ・ウェーバー主義的階級研究にもあてはまる。たとえば、ライトは米国とスウェーデンの階級構造に関する著書の中で、自分が「就業している労働力のみを分析する」ことを説明抜きで認めている（Wright [1985 : 160]）。他方ゴールドソープは、自分の見解に対する広範でしばしば見当違いの批判に直面しながら、社会移動研究に関する自分の主張を頑固に擁護している。

家族の階級所属は単一のものであり、労働市場にもっとも深く関係する家族成員である男性世帯主の階級所属によって決まる（Goldthorpe [1984 : 492]）。

階級の操作化――三つの重要な選択

伝統的階級分析法では満足できないということから、階級という抽象的概念を測定可能な概念へと体系的かつ全面的に翻訳するために、研究者は相互に関係する三つの選択を迫られるという結論が導かれていった。（Duke and Edgell [1987], Edgell and Duke [1991]）。1番目の選択は、すでに第1章と第2章で論じているが、どの階級分類、つまり社会階級分類、職業階級分類、両者の混成のどれを用いるか、したがってどの階級理論を採用するか、すなわちネオ・マルクス主義か、ネオ・ウェーバー主義か、あるいは両方か、という問題である。2番目と3番目の選択は、選択された階級カテゴリーが誰に対して適用されるかをめぐるものである。これは二つの異なる、しかし関連する決断である。まず、階級分析の単位は回答者/個人なのか、それとも家族/家計なのか。次に、対象となる人々の範囲は成人の回答者および家族成員全員なのか、それとも経済活動に従事している回答者および家族成員だけなのか。

これら三つの選択は、社会学者から同じくらいに注目されてきたわけではない。近年の文献では、概念的な問題とジェンダーに関する問題への関心が支配的で、範囲の問題はほとんど論じられることがなく、三つの選択を同時に考えた例はほとんどなかった。

選択1：概念図式

どの概念図式を用いるかという問題についてはすでに論じたので、ここでは主要な選択肢とその理論的・実証的含意について概観することにしよう。

階級の意味についての先の検討から考えれば、概念図式上の選択は、（a）職業階級、（b）社会階級、（c）職業的・社会的階級の三つからどれを選ぶかに帰着する。

一般登記簿で用いられているような職業階級分類は、もっぱら生産の技術的分業に注目して作られたものである。それはマニュアルとノンマニュアルの境界をもっとも重視するもので、この境界は職業社会学でホワイトカラーとブルーカラーの境界として、社会階層論で労働者階級と中間階級の境界としてしばしば論じられるものと同じである。一般的には、純粋な職業階級分類では、それぞれのカテゴリーの内部が技術水準および／あるいは地位水準によってさらに細分される。職業階級分類は、英国の公式統計と実証的な社会調査で支配的であるだけでなく、「中間階級」と「労働者階級」の二つがもっともよく使われるカテゴリーになっていることにみられるように、日常的な会話でも支配的になっている（Coxon *et al.* [1986]）。前章で述べたことを要約すれば、この職業階級分類は段階的なものであり、そのために階級構造が合意されたものであること、細分化されていること、また開かれたものであることを強調する傾向がある。

職業階級分類の主要な限界は、主としてマニュアル／ノンマニュアルの二分法が前面に出ていることに関わっている。なぜならこの二分法は、財産所有の重要性を正しく評価しないし、職業構造の変化の影響を受けやすく、またジェンダー要因による歪みも指摘されるからである（Duke and Edgell [1987]）。職業階級分類の長所としては、記述的な用語として使いやすいということがあげられるが、より理論的で周到に作られた対案があることを考えると、これも説得力に欠ける（Marshall *et al.* [1988]）。しかしながら職業階級分類は広く用いられていて、再現性や比較可能性に優れており、とくに小規模な調査プロジェクトの場合には十分考慮に値する。

初期ライトのような社会階級分類は、生産の社会的関係のみを考慮して構成される。したがってこれは、まず所有と非所有の区別を強調し、その上で通常、雇用規模が大きいか小さいか、管理職か否かによって細分される。すでに述べたように、このような分類は段階的というより関係的なものであり、その結果、階級構造が矛盾をはらんでいること、両極へと分化すること、また閉鎖的なものであることを強調する傾向がある。

初期ライトの階級配置図については、ライト自身が自己批判しているし、ネオ・ウェーバー主義からも階級カテゴリーの一部が均質性に欠けていると批判されているが、より一般的な理論的批判は、他のネオ・マルクス主義の構造主義的階級論と同様に「静態的、機械的、粗雑なほどに決定論的で、人間主体を欠いている」（Marshall *et al.* [1988：24]）というものである。またこの図式は、資本家階級の規模を過大評価しているとの指摘もある（Marsh [1986]）。またさらに、大規模所有者は経営に参加する傾向があり、管理者はしばしば所有に関与することから、この二つの階級カテゴリーが融合させられてしまうとも指摘されている（Erikson and Goldthorpe［1992］）。反面、「ライトの実証的知見は一貫性を欠いており、このことは彼のアプローチの有用性に重大な疑問を投げかけている」（Marshall *et al.*［1988：265］）との主張もある。つまり、実際のところライトの最初の階級図式は、ゴールドソープのネオ・ウェーバー主義的図式ほどにはうまくいっていないのである。しかしそれは、職業的な要素を排除しているという意味でより全面的にマルクス主義的なものであること（Marshall［1988］）、また米国（Wright［1979］）と英国（Edgell and Duke［1991］）では有効性が示されたということも指摘されてきた。

すでに述べたように（第2章参照）、ライトはこの最初の階級配置図を改訂して、ネオ・ウェーバー主義的な方向へと接近した。実際には、ライトはもともと「全面的に構造主義的な階級論を拒否」して、より動態的な「軌跡」というアプローチを採用していたのだとも指摘される（Marshall *et al.*［1988：43-44］）。結果的にライトの新しい二番目の階級配置図は、「非マルクス主義的」と批判されるようになった（Marshall *et al.*［1988：47］）。しかし見方を変えれば、それは資本の所有者と非所有者というマルクスの基本的な階級区分にもとづいているから、厳密な意味ではないとしても本質的には、マルクス主義的だということもできるだろう。レッテル貼りはさておき、組織資産と技能資産というウェーバー主義的な次元を導入したことから、ライトの階級配置図Ⅱは多くの批判を引き起こした。第1に「多くの場合、この二つの資産を区別すること」は容易ではないし、第2に財産の場合とは違って、技能にもある程度は共通のことだが、組織資産は「組織という文脈を離れて蓄積することができない」(Savage *et al.* [1992：15])。その上、技能資産という概念は、「技能をもつ人はいかにして技能をもたない人を搾取するのか」が不明確だという点で、疑問が多いとみなされている (Savage *et al.* [1992：15])。

また関係的な階級概念すべてに共通のこととして、ヒエラルキーへと翻訳するのが容易でないという問題もある。資本主義社会における私有財産の実利的・イデオロギー的な重要性を強調する以上、財産を所有する階級は非所有の階級より高くランクされるべきだという主張もありうる (Edgell and Duke [1991])。

先にみた伝統的階級分析法への批判の論点を考えれば、社会階級分類の主な長所は次のようにまとめることができる。第1に、もっとも重要な点だが、社会階級分類は資本家階級（非常に人数が少なく、実証研究で特定するのは困難かもしれないが）の決定的な経済的政治的重要性と、彼らと非資本家階級との関係を、正当に認識できる。

第2に、関係的な側面をもつことが社会階級分類に、不平等（富や権力の配分の社会的編成の役割を含む）を説明するために不可欠なダイナミズムを与えている。第3に、社会階級分類は、職業のみにもとづく階級分類に比べて職業構造の変化に影響されにくく、またジェンダーや職業によって歪められることも少ない。第4に、階級内部が均質でないという問題は、非所有者階級の内部を職業（たとえば、マニュアルとノンマニュアル）や部門（たとえば、公的と私的）で細分化することによって、容易に克服できる。

ライトの二番目の階級配置図やゴールドソープの階級図式のように、職業階級と社会階級を結びつけた階級分類の場合は、段階的な階級と関係的な階級をひとつのモデルに統合することがはたしてどこまで可能なのかという問題が生じる。より具体的にいえば、職業階級分類と社会階級分類を特徴づける組織原理は、基本的に両立不可能だと論じることもできるだろう。たとえば、職業階級は共有された価値を含むのに対して、社会階級は対立する利害を含んでいる。さらに、二つの「純粋な」分類の場合とは違って、混成型の分類は社会階級と職業階級の両方を含んでいるものの、そのいずれかを優先する傾向がある。そしてこのような分類は、さまざまなカテゴリーが、資本家階級またはサービス階級、中間階級、労働者階級という三つの主要な階級群にまとめられるような、三分法的なものになる傾向がある（Goldthorpe［1987］）。しかしながら、この混成型の図式がヒエラルキーによって表現され、非所有階級を階級構造の頂点に並ぶものとみなすとすれば、この分類は本質的に段階的なものとなり、したがって事実上、社会的・関係的というよりは職業的なものになってしまう。大学講師を大資本の所有者と同じ階級に位置づけるなどというのは、社会学の信頼性を危機に陥れるものである。

他方、産業社会というものは完全に調和的なものでも、全面的に対立に支配されたものでもないのだから、二つの前提のいずれかのみにもとづく階級分類は非現実的だと論じることもできよう。いいかえれば、階級構造は共有された価値と対立する利害をともに反映するのである。したがって求められるのは、近代的な社会構造のこれら二つの次元に接点をもつ階級分類である。あるひとつの階級分類が有効性を発揮するかどうかという問題は、理論的・実証的の両面から判断される問題である（Pawson［1989］）。はっきりしているのは、どの階級分類も利点や欠点を独占するものではないのであり、多くは研究目的に依存するということである。

選択２：分析の単位

階級分析で用いる概念図式を選んだら、次のステップは階級カテゴリーを誰に対して適用するか――回答者／個人に対してか、それとも家族／家計に対してか――を決定することである。

伝統的な分析枠組の中で階級を研究する人々は、職業階級カテゴリーを家族／家計に対して適用し、「男性」を世帯主として扱う傾向があった。先に述べたようにゴールドソープは、分析の単位の選択についてこうしたアプローチが使われる現状を、強く擁護した（Goldthorpe［1983, 1984］）。彼は、家族成員は同一の階級所属を共有しており、この階級所属は「労働市場にもっとも深く、また継続的に関与する家族成員」である男性世帯主によってもっとも適切に判断できる、と主張するのである（Goldthorpe［1983：470］）。彼のこの主張の前半部分、カップルがいっしょに生活するとき、二人はひとつの家計を形成し、まったく同じというわけではないとしても同等の物質的生活条件とライフチャンスを共有するという主張は批判――ゴールドソープは誤解だというのだが（Erikson and Goldthorpe［1992］）――を受けてきた（たとえば、Walby［1986］, Wright［1989］）。しかしこれよりも、家族の階級を測定する最良の方法に関する後半部分の方がはるかに論争的な問題である。ゴールドソープは既婚女性の雇用の増大（Reid and Wormald［1982］などを参照）にもかかわらず、「夫の雇用は主要な要因であり続けている」と主張する（Goldthorpe［1983：469］）。それは既婚女性が依然として、家族責任と家事責任によって労働市場への参加を制限されているからである（Edgell［1980］, Finch［1983］を参照）。そしてギデンズ（Giddens［1979］）、ヒースとブリテン（Heath and Britten［1984］）の主張をいいかえながら、女性は家庭の中に比べれば外での方がより解放されてきたものの、まだ事態が大きく変わったわけではない、既婚女性は依然として多かれ少なかれ、夫に依存している、したがって家族の階級所属は依然として、通常は男性であるところの「世帯主」によって決定されるのだ、と主張する。ゴールドソープは、この法則性の主要な例外は、妻の雇用の種類が、夫と異なるだけでなくそれを上回っているような階級横断的家族だという（Goldthorpe［1983：479］）。しかし彼によると、見かけ上の階級横断的家族（たとえば、単純ノンマニュアル職の妻とマニュアル職の夫）を除外すれば、純粋な階級横断的家族（たとえば、サービス階級の妻と労働者階級の夫）はごくまれだから（McRae［1986］）、批判者たちの主張（Britten and Heath［1983］）は成り立たず、彼の立場を実質的に脅かすものではない。

ゴールドソープが男性「世帯主」という伝統的な見方を擁護したことから、分析の単位に関する活発な、ときには辛辣な論争が引き起こされた（すでに引用したものの他、Stanworth［1984］, Goldthorpe［1984］を参照）。この過程でゴールドソープは、階級分析において独身女性と既婚女性を違う扱いにするという、デルフィ（Delphy［1981］）がいったように一見したところ「非論理的」な戦略を、非論理的でも性差別的でもないと言い張った（Goldthorpe and Payne［1986］）。しかしデックスが指摘するように、「ゴールドソープは明らかに批判に対応し、自分の立場をいくつかの点で変えてきた」（Dex［1990：137］）。具体的にいえば、ゴールドソープは家族の階級を決定する際に、当初の男性世帯主というアプローチから離れ、エリクソン（Erikson［1984］）にしたがいながら、「何らかの意味で、労働市場にもっとも高いレベルで関与している家族成員の地位」（Goldthorpe［1984：497］）を考慮した「優越」法を支持するようになったのである。このようにゴールドソープは、依然として家族／家計を分析の単位とすることを擁護しているものの、その決定方法は、より男性中心主義的でないものになっている（Erikson and Goldthorpe［1992］）。

この優越性アプローチは男性世帯主の問題を克服するものだが、優越性の明確な順序を備えた、ヒエラルキー的な階級図式を必要とする。しかし関係的な階級図式の場合は、自営の方が優位にあると考えればよい（Erikson［1984］）。結果からみると優越性原則は、階級所属を引き下げるよりも引き上げる方に作用するので、実証研究の上では「下層」階級の規模を小さくして「上層」階級の規模を大きくするという効果をもたらすことになる（Edgell and Duke [1991]）。

階級分析の単位についてこれと対立するのは、個人を単位とする考え方である。回答者／個人の指標を用いる論拠は、回答者の態度や行動は、論理的にいって、回答者の直接的な経験から分析されるべきだというものである。このためスタンワースは、女性と階級分析をめぐる論争の中で、既婚女性の直接雇用は無視されてはならないと主張した。もし無視するならば、この雇用の経験は「階級配置や階級的不平等、階級的行動の理解に役立たない」と、暗黙のうちに主張することになってしまうからである（Stanworth [1984：162]）。先述したようにゴールドソープは、カップルは程度の違いはあっても、同様の物質的条件と階級的「運命」を共有すると主張して、このアプローチを批判している（Erikson and Goldthorpe [1992：233]）。

別の考え方として、分析の単位としての個人と家族はともに有効な階級の尺度であり、その有効性は研究のコンテクストに依存するのだと論じることもできる（Edgell and Duke [1991]）。たとえば、生産に関係した行動や態度については個人の直接的経験が重要なので、その研究は個人としての男性や女性に焦点をあてるべきである。他方、消費行動や消費についての態度については、家族は多かれ少なかれ一体となって消費することから、適切な分析の単位は家族である。

研究のコンテクストが個人よりも集団にもとづく階級の尺度を要求するようなものである場合、階級を集団レベルで測定する最良の方法は何かということが問題となる。成人が一人しかいない世帯の場合は、個人単位の分析と同様の手続きですむから問題はない。しかし二人以上の成人を含む世帯の場合は、これらの成人が同じ階級に属していないかもしれないので、問題が生じうる。この場合、すでに論じた男性世帯主による方法、優越性による方法という基本的な二つの方法に加えて、よりラディカルな二つのアプローチがある。それは、合成分類*と、男女別階級分類である。ブリテンとヒース（Britten and Heath [1983]）が提案するような合成分類には、女性の労働市場状況が不安定だという問題がある（Goldthorpe [1984]）。ゴールドソープによればこの手続きは、「移動率を高くみせかける結果をもたらし、階級分析の目的を挫折させてしまうだろう」（Goldthorpe [1984：495]、同様に Erikson and Goldthorpe [1992：238] も参照）。マーガトロイドの提案する「女性の社会類型分類」（Murgatroyd [1982, 1984]）に代表される男女別階級分類は、一方では、ゴールドソープの分類のように男性用に作られた分類が女性に適用されることに対する批判、これと関連して他方では、雇用を特徴づける広範な性別職務分離（Arber *et al.*［1986］）を根拠とするものである。たとえば、女性の雇用の最大の特徴のひとつは、その多くがパートタイムであり、また既婚女性の場合にはしばしば、それが主婦としてのアンペイド・ワークと結びつけられていることである。これはすべての階級分類に共通の問題であり、階級概念に関する第3の、そして最後の選択、すなわち対象とする範囲の決定に関わるものである。

（訳注）joint classification　家族の階級的位置を分類するためにヒースとブリテンの提案した方法。夫と妻の階級所属の組み合わせから世帯を類型化して、夫妻ともに上級ノンマニュアルの「デュアル・キャリア」家族、夫が上級ノンマニュアル、妻が下級ノンマニュアルの「デュアル・アーナー」家族などを区別する。

選択3：対象とする範囲

階級の操作化における最後の重要な選択は、対象とする範囲に関わるものである。伝統的には、経済活動にフルタイムで従事する成人のみが階級分析の対象とされてきた。このことは、フルタイムで労働していないすべての人々、失業者、パートタイム労働者、退職者などは、階級構造に含まれないということを意味する。しかし英国や米国のような現代の産業資本主義社会では、失業率の増加と不完全就業者の増加によって、アンダークラスの人々が根強く存在しており(第4章参照)、このことがすべての成人を階級分析に含めるべきだという主張の説得力を強めている。

実証的な手続きの面からいうと、この選択は経済的に活動的/非活動的という概念につきまとうさまざまな社会学的意味によって、複雑なものになる。経済活動には、仕事中毒者から、臨時労働者や永続的な基盤の上では働いていない人々までの範囲がありうる。つまり、家庭外のフォーマルな経済セクター内にも正規および非正規のフルタイムおよびパートタイムの職があり、さらにインフォーマルな「裏」労働、ボランティア労働、家庭内のペイド・ワークとアンペイド・ワークがある。一般的には階級分析は、インフォーマル・セクターにおける「労働」の階級的構造が、フォーマル・セクターにおける「労働」の階級的構造と対応しているにもかかわらず(Mattera [1985], Edgell and Hart [1988])、フォーマル・セクター内の活動だけに関心を示している。興味深いことに、不払いの家事が経済活動の公式統計から排除されたのは、一八八一年の英国の国勢調査からだった(Hakim [1980])。

マーシャルらは、ライトのネオ・マルクス主義的階級論とゴールドソープのネオ・ウェーバー主義的階級論が一致する点のひとつは、両者がともに、直接かつ容易にひとつの階級へと位置づけることができるような基盤をもつ、正規の労働力たる個人だけに関心を向けていることだと指摘した。しかし、こうした「働く失業者」（Henry [1982]）を階級分析から除外する理由には、不在地主のように不労所得で生活する有閑階級の人々や、専業主婦のような疑似有閑階級（Veblen [1970]）を除外するためだという以上のものがみあたらない。この点についてはエリクソンが、「労働力に参入していようといまいと、われわれはすべて階級所属をもっている」と断言している（Erikson [1984：502]）。フォーマル・セクターにフルタイムの職をもつ人々（活動的）ともたない人々（非活動的）の区別を考慮しながら、後者を階級研究に含めることを望むならば、これらの人々のもっとも最近の、あるいは過去のもっとも主要な、直接の階級所属経験に準拠すればよい。この方法は過去に職業経験をもつ、大多数の人々に適用可能である（ただし、学生のように職業をもったことのない人々には適用できない）。このように経済的に「非活動的」な人々を階級分析に含めれば、これらのますます拡大し多様化する社会的カテゴリーの社会学的重要性を、最初から階級研究から除外してしまうようなことはなくなる。

要約と結論

階級を操作化するさまざまな方法は、それぞれ異なる社会学的な含意をもっているが、そのいくつかを、労働者階級と分類されない人々の規模がどうなるかを含めて示したのが、表3・1である。

この表は労働者階級の規模が、概念図式、分析の単位、対象とする範囲という三つの選択をどうするかによって、非常に大きく変わることを示している。たとえば経済的に活動的な人々(economically active：EA)のみに注目すると、労働者階級の規模が小さくなり、データの範囲が狭められてしまう。

結論的にいえば、階級を操作化するそれぞれの方法は大きく異なる階級構造モデルをもたらすのであり、選択すべき適切な方法は、研究対象となる社会学的問題の種類に大きく依存する。研究の焦点が生産における行動と態度にあるならば、どのような概念図式が用いられようとも、分析の単位は個人でなければならないし、経済的に活動的な人々だけが分析対象とされるべきである。逆に、サッチャリズムの社会的・政治的影響を研究する場合には、経済的に活動的な人々と非活動的な人々の両方を分析

表3・1　階級を操作化する方法の違いによる労働者階級と分類不能サンプルの規模の変化

分析の単位	対象範囲	概念図式	労働者階級(%)	分類不能(%)
個人	EAのみ	職業階級	24	45
個人	EAのみ	社会階級	39	45
個人	すべて	職業階級	45	5
個人	すべて	社会階級	71	5
家計	EAのみ	職業階級	24	34
家計	EAのみ	社会階級	39	34
家計	すべて	職業階級	35	3
家計	すべて	社会階級	60	3

出典）Edgell and Duke［1991: 39］

に含め、階級の単位としては世帯を用いるべきである（Edgell and Duke［1991］）。現実の研究の場面では、研究方法についてのアカデミックな議論とは別に、データ収集、コーディングと分析にかかるコストと手間が、階級概念を操作化する方法の選択に影響することになる。たとえば、世帯のすべての成人メンバーについて十分な情報を得ようとすると調査コストが大きくなるし（Duke and Edgell［1987］）、階級所属の合成分類よりも、世帯主による方法の方がはるかに簡単である（Savage *et al.*［1992］）。

階級についての実証研究者たちが、操作化についての複雑な選択肢に直面していること、またさまざまな立場の社会理論家たちが、途方に暮れるほどさまざまな階級状況や階級群を区別してきたことを考えると、近代資本主義社会には階級がいくつあるのかという問いに、はたして答えることはできるのかと疑わしくなってくる（Runciman［1990］）。階級の社会学の専門家といえども、この問いにははっきり答えることはできない。実際、第2章でも触れたように、ライトは二つから一二まで、ゴールドソープは三つから三六までと、階級の数に幅をもたせている。エリクソンとゴールドソープによると、階級の数についての「唯一の賢明な」解決は、「当面の分析目的のために、区別することが実証的に有用であると示されただけの数」である（Erikson and Goldthorpe［1992：46］）。他方、区別される階級の数は、歴史的・政治的状況によっても変わってくるだろう。たとえば、階級構造が分断され流動化しているときには階級の数が多くなるが、これに対して両極分化した二階級モデルは階級闘争を強調する（Ossowski［1963］）。したがって、この問いに対する最終的な解答はないが、先に検討したようにネオ・マルクス主義とネオ・ウェーバー主義がしだいに収斂してきていることを考えれば（第2章参照）、教育的な目的のためには、多種多様な階級状況を、階級権力の主要な源泉である財産、知識、肉体的労働力に対応して三つの基本的な集群にまとめることも可能だろう。しかし次章で明らかになるように、主要な社会諸階級とその名称を含んだ形で階級状況を正確に配置するというのは、たいへん論争的な問題なのである。

第4章　階級構造と社会変動

はじめに

　これまでの各章では、古典的および現代のマルクス主義理論とウェーバー主義理論における階級の意味と、その測定方法を中心に論じてきた。本章の目的は、とくに二〇世紀の米国と英国に注目しながら、先進資本主義における主要な諸階級について考察することである。マルクスとウェーバーはさまざまな点で、とくに階級社会の動態と将来について異なる見解をもっていたが、ネオ・マルクス主義とネオ・ウェーバー主義の理論家たちが開発した階級モデルは、ますます似通ってきている（Waters [1991]）。したがって、現代社会の階級システムの基本的な形態については、コンセンサスができつつあるようにも思われる。ギデンズ（Giddens［1979］）によれば、階級権力には財産の所有、資格、肉体的労働力という三つの源泉があり、これらが財産所有に基盤をもつ支配／上層階級、資格に基盤をもつ中間／中層階級、労働力に基盤をもつ労働者／下層階級という、三階級構造を生み出す。しかしこのモデルがすっきりしているのは、実質的にというよりは外見上のことである。というのは、三つの階級はそれぞれ階級分派に分かれており、各階級の凝集性は時代と場所によって異なるからである。このことはとくに、財産所有者である旧中間階級と非所有者である新中間階級を含む中間階級ではっきりしており、さらにこの新中間階級も、文化的・組織的資産（Savage *et al.*［1992］）や雇用されている部門（Edgell and Duke［1991］）によって細分化されている可能性がある。

支配（諸）階級

階級という言葉には、バイアスがつきまとう。このことは、支配階級（dominant class）の場合も同じである。ネオ・マルクス主義者たちは、搾取という意味を含めて資本家階級について語り、そして／あるいは、政治権力が経済権力と重なり合っているという意味を込めて支配階級（ruling class）について語る。他方、ネオ・ウェーバー主義者たちは、経済権力が政治権力に直接につながるとは考えず、経済権力をもつ階級（特権的な階級）と、政治権力をもつ階級（統治階級あるいは政治エリート）を区別する。もっぱら職業にもとづく階級モデルを用いる社会学者は、もっとも豊かな階級を上層階級と呼ぶ傾向がある。支配階級（dominant class）という用語はおそらく、階級構造の頂点に位置する人々を指すための、やや中立的な言い方のひとつなのだが、同時にそれは、「支配階級（ruling class）の思想は、いつの時代でも支配的な思想である」（『ドイツ・イデオロギー』＝『全集』第3巻42頁）という、支配的イデオロギーに関するマルクス主義理論を思い起こさせるものである。

支配階級の運命に関する二〇世紀の論争の起源は、マルクスとウェーバーに遡ることができる。この二人の社会理論家はいずれも、資本主義が発展すると、会社が大規模化し、また複雑になるために、所有が経営（control）から分離されると指摘したが、それぞれ変化のやや異なる側面を強調した。たとえばマルクスにとって、「監督労働」が「資本の所有」から切り離されるということは、資本家階級がいまや「余計な」存在になることを意味するものだった。他方ウェーバーは、このような機能分化は「収益性の観点からもっとも適格な人物を経営者の座に選ぶことを可能にする」（Weber

[1964：248-9]）と主張した。ヨーロッパでマルクスとウェーバーが、米国でヴェブレン（Veblen［1963］）に代表される他の論者たちが、経営者階級の出現を最初に指摘して以来、「現代社会の階級構造に起こったこのような変化の社会学的意味は何か？」ということが重要な問題となった。

この問いに対して可能な解答の数々については、他の研究者、とくにニコルス（Nichols［1969］）とチャイルド（Child［1969］）が詳細に検討しているので、ここでは二つの基本的な立場についてのみ検討することにしよう。経営者支配論者たちは、経営者資本主義の到来は階級構造を含めて資本主義を転換させたと論じる。これに対して非―経営者支配論者たちは、所有の経営からの分離は資本主義社会の基本的性格を変えるものではないと考える。通常は非マルクス主義者である経営者支配論者と、ネオ・マルクス主義的であることが多い非―経営者支配論者たちは、経営が所有から切り離されているということについては一致するものの、この歴史的変化の社会学的解釈についてはまったく異なる立場をとっている。

経営者支配論に貢献した主な論者としては、アロン（Aron［1972］）、バーリとミーンズ（Berle and Means［1968］）、バーナム（Burnham［1945］）、クロスランド（Crosland［1964］）、ダーレンドルフ（Dahrendorf［1959］）、ガルブレイス（Galbraith［1967］）

らをあげることができる。彼らはそれぞれの論法で、近代株式会社の経営者支配は、資本家支配と二つの点で異なると主張した。それは、所有者から経営者への権力の移行を含んでいること、そして経営者の権力はより多くの社会的責任を負いながら行使されるということである。たとえばバーリとミーンズは、米国資本主義の先駆的な実証分析の中で、近代株式会社では所有と経営の分離という事態が進行していることを示した。そして所有と経営の間には利害の不一致が存在しており、いまや所有者は、「新しい君主たちが権力を発揮するのに使う手段を供給する立場へと格下げされている」と主張した（Berle and Means [1968：116]）。結論的に彼らは次のように論じて、より多くの社会的責任を負う経営者階級の成長を示唆したのである。

もし株式会社のシステムが存続するとするならば、次のことが考えられる——というよりも、ほとんど必須であるように思われる。それは、大企業の「経営」は純粋に中立的なテクノクラートにまで発展して、社会のさまざまな集団の要求を調和させ、私的な貪欲さよりも公共政策にもとづいて、所得の流れの分け前をそれぞれの集団に割り当てるべきだということである（Berle and Means [1968：312-13]）。

またダーレンドルフは、バーリとミーンズを含むそれまでの多くの経営者支配論者に同調しながら、所有の経営からの分離は次のような結果をもたらすとした。

この分離は、二つの役割を生み出し、その担い手たちは一般社会に対する、また個別企業に対するものの考え方や態度の点で、ますます違ったものになっていく。彼らの準拠集団は異なっており、異なった準拠集団は異なった価値を目指している。……。現代の官僚型経営者におけるほど、利潤動機の汚名が現実の人間の動機と縁遠いものになったことはいままでなかった。経済的には、［官僚型］経営者は収益性・効率性・生産性に関心をもっている（Dahrendorf［1959：46］）。

ダーレンドルフは、実証的根拠は最低限しか示していないものの、社会的な出自と職業経験の両面から官僚制内でのキャリアの重要性を取り上げて、［官僚型］経営者はオーナー経営者とまったく異なるという自分の命題をさらに発展させていく。すなわち彼は、株式会社が発展し所有が分散する中で、所有が経営から分離することにより、専門資格および／あるいは組織における地位にもとづいて権威を行使する、新しい経営者階級が出現したと主張するのである。そして彼は、いまや労働者は均質的な資本家階級と直面しているわけではないのだから、これをなお階級闘争と呼ぶことができるかどうか疑問だとして、議論を結んでいる。このようにダーレンドルフは、他の経営者支配論者と同様に、資本主義社会の理論家ではなく、脱資本主義あるいは産業社会の理論家なのである（Scott [1985]）。

ニコルスによると、経営者支配論にはいくつかの系譜を区別することができるが、これらはすべて、所有と経営の分離が起こったという見方を共有するとともに、「その重要性と、これが経営行動の、ひいては経営イデオロギーの変化を引き起こすということを信じている」（Nichols [1969 : 55]）。

非―経営者支配論者たちは、全員が多かれ少なかれマルクスを踏襲しているという点で、経営者支配論者ほど多様ではない（Baran and Sweezy [1968], Blackburn [1965], De Vroey [1975], Miliband [1973], Westergaard and Resler [1975], Zeitlin [1989], McDermott [1991]）。非―経営者支配論者たちは、所有が経営から切り離されたとしても、これは個人所有から非個人的所有へと資本主義企業の構造が変化したということであり、その背後にある産業資本主義の本質を変えるものではなく、ましてや資本家階級の消滅を意味するものではないと強調する。これにはいくつかの理由と、少なからぬ証拠が示されている。

第1に、ブラックバーンが「市場の経済論理」論（Blackburn［1965：117］）と呼んだ議論がある。これはマルクスの「競争は個々の資本家に、資本主義的生産の内在的法則を外的な強制法則として押しつける」（『資本論第1巻』＝『全集』第23b巻772頁）という基本認識を反復するものである。つまり、自由市場システム内のすべての株式会社は、経営しているのがオーナー経営者か専門的経営者かにかかわりなく、利潤をあげてリスクをなくすことを強制されているのである。

第2に、経営者支配論に対するこうした批判攻勢は、所有者と経営者の社会的・経済的統一性に注目する二つの論点によってさらに補強される。スコットは、英国をはじめとする多くの産業資本主義社会の株式会社についての研究を包括的に検討してきた（Scott［1985］）。それによると、経営者と所有者は出身階級と教育経験の点でよく似た社会的背景をもっており、また経営者は自分の会社の一部を所有して、ここから収入の一部を得る傾向がある。スコットは、ブルデュー（Bourdieu［1971］）の研究を引きながら、企業権力が直接に相続されるというのは個人の支配下にあった過去の原則だが、今日ではこれが特権的な教育を買い与えることを含む間接的な社会的メカニズムによって補完されている、と指摘する。このことが、資本家階級がその文化資本と経済資本を子孫に譲り渡すのを可能にしている。このように非個人的な資本主義の発展は、「資本家階級の経営者支配型再組織化をもたらすにすぎない」のである(Scott [1985 : 256])。

第3に、最近の資料は、専門的経営者が利潤を獲得する能力によって採用され、継続雇用され、昇進させられることを示している(Nichols [1969], Zeitlin [1989], McDermott [1991])。専門的経営者についてのある研究が「彼らはより強く利潤を志向しており、また獲得する能力も高い」と結論しているのも、驚くには値しない(Pahl and Winkler [1974 : 118])。この研究結果は、経営者支配論の核心である、経営者の支配する企業と所有者の支配する企業を区別することの有効性に、強い疑問を投げかけるものである。

経営者支配論に対するこれらの批判は、所有と経営の分離は「資本家階級の消滅」をもたらしたのではなく、資本家階級を、私有財産が法人形態をとるようになったのと同じように変形させたのだということを示唆する(Scott [1991 : 24])。小規模ながらも重要なこの階級を特定することは難しい——それゆえゴールドソープは、「いくぶん変則的に」大規模所有者をサービス階級に含めたのだった(Erikson and Goldthorpe [1992 : 40])——が、所有と経営の個人的形態から集合的形態への変化にもかかわらず、資本家階級は存在し続けたのである。スコットによれば、企業の資本家階級は分析的には四つの異なる階層に分類することができる。それは、企業家資本家（実際に事業のあらゆる側面を統制している古典的な所有資本家）、金利資本家（配当を受け取るだけの不在地主的所有者）、経営資本家（官僚型経営者で、所有者である場合とない場合がある）、金融資本家（非常勤を含む複数の取締役を兼務し、所有者である場合とない場合がある）である。そして現代の資本家階級は、「家族の誰かがこれらの資本家階級としての地位についていることによって、家族の富とライフチャンスが生み出されているような人々」から構成されている（Scott［1991：72］）。

経営者革命が「見せかけ」（Zeitlin［1989：156］）であるとしても、政治的に支配的な資本家階級が存在するという証拠は何だろうか。米国の研究（Domhoff［1967］）と英国の研究（Scott［1991］）は、支配階級という概念が依然として、階級構造の「頂点」を社会学的に理解するのに適切であることを示唆している。

ミルズの研究（Mills［1968］）を範例とする強靭な社会学的伝統に立ちながら、ドムホフは従来の研究方法と研究成果を検討し、独自の資料を付け加えながら、米国の上層階級は統治階級であるという結論に達した。彼は支配階級の分析には二つの基本形態があるとし、その違いを次のようにまとめている。

意思決定アプローチはさまざまな争点を主題とし、意思決定プロセスとその結果を研究しようとする。「リーダーシップの社会学」的方法は社会学的出身背景を主題とし、制度的リーダーシップと意思決定グループの社会学的構成を研究する。意思決定的方法の欠点は、中心的な政治的争点や、主役となる人々の真の利害、決定に関与する諸要因、決定の長期的な結果などを特定しにくいことである。「リーダーシップの社会学」的方法の欠点は、上層階級の指導者たちが特定の利害をもっていることを立証したり、どれだけの意思決定者や制度的リーダーが上層階級のメンバーでなければならないのかを特定したりするのが難しいことである（Domhoff [1967：145-6]）。

ドムホフはいずれの方法にも欠点があるものの、自分自身の研究では次の三つの理由から、「リーダーシップの社会学」アプローチを重視するとしている。

1　さまざまな階級の諸利害についてよりも、米国社会の主要な諸制度（エリート教育、社会的・経済的・政治的諸制度など）についての方が、見解の一致が得られやすい。

2　指導グループの社会的構成を突き止めるのに比べると、意思決定の研究はきわめて難しい。

3　上層階級の独自利害をめぐっての「リーダーシップの社会学」的方法に対する批判は、この階級が国家の富の中の不釣り合いに大きい割合を所有していること、また「不釣り合いに大きい年収を受け取っていること」を明らかにすることで、部分的には解決できる（Domhoff [1967 : 146]）。

ドムホフの主要な結論は、実証的に特定できる米国の上層階級の「収入、富、制度的リーダーシップは、『統治階級』の称号を与えるに十分である」というものであった（Domhoff [1967 : 156]）。

ラプトンとウィルソン（Lupton and Wilson [1959]）やニコルス（Nichols [1969]）の研究など、いくつかの小規模な社会学的研究を別とすれば、支配階級の存在の問題について実証的根拠をもった十分な解答が示されたのは、スコットの最近の研究（Scott [1982, 1985, 1991]）がはじめてであった。スコットは最新の非常に興味深い研究を、ドムホフの有名な本の英国版続編ともいうべき本にまとめているが、その中で彼はネオ・マルクス主義的な見解（Miliband [1973] を参照）を支持して、「今日の英国には支配階級（ruling class）が存在する」（Scott［1991：3-4］）としている。

最初にスコットは、資本家階級とは何かという問いに答えようとする。彼の答えは、資本家階級とは私有財産の所有と統制から利益を得て、「他の階級と異なる、また対立する利害」をもつ、経済的に支配的な階級ではないかというものだった（Scott［1991：7］）。先に触れたように、彼は企業組織の変化によって、この階級は資本の「個人的」所有にもとづくものから、「非個人的」所有にもとづく、より特定しにくいものに変化したと主張する。そしてこの重要な変化にもかかわらず、英国の資本家階級を特定することは可能であり、「そのメンバーたちは資本主義的私有財産のシステムの成功に従属しており、このシステムが資本家階級の収入と富を生み出すのである」（Scott［1991：24］）。この階級の再生産は、ある部分は私的所有と統制の直接の結果であり、ある部分は家族と教育に根ざした社会的ネットワークからくる間接的な結果である。

スコットが次にとりかかるのは、経済的な支配階級は政治的にも支配的である、つまり国家権力を行使しているということを示すことである。彼は、次のように論じる。

資本家階級は、その経済的な支配力が国家権力の作用によって維持されており、また資本家階級単独もしくはより広い権力ブロックを通じて、国家装置を支配する権力エリートに不釣り合いに多くの代表を送り込んでいる場合に、支配階級を構成しているとみなすことができるだろう（Scott［1991：38］）。

社会的背景に関するデータと、またドムホフのいう「リーダーシップの社会学」的方法にもとづいて、スコットは「ひとつの権力ブロックの存在を確認する。それは社会的背景の独特のパターンという共通点に根ざした階級連合であり、その内部では資本家階級が支配的な位置を確保している」とする（Scott［1991：137］）。

資本家階級が政治的にも支配的であることを示した上で、スコットは「こうした政治的支配が達成されるメカニズム」（Scott［1991：139］）について検討する。彼は、国家は資本家階級に有利なように作用するが、これは独占的に有利というわけではなく、国家の活動が、現存の資本主義的社会諸関係を弱めるというよりは支持するため、結果的に資本家階級の利益になるという意味で、相対的に有利だということである。このようにスコットによると、資本主義英国の基本的な経済的・法的・規範的構造は、「決して、国家の意思決定装置によって再編成されたりはしない」（Scott［1991：142］）。つまり国家は、歴史的・構造的に、資本家階級の経済的・政治的支配に有利なように偏向させられているのである。

スコットは、次のように結論する。英国には支配階級があり、「その経済的支配は国家の作用によって支えられており、彼らのメンバーは国家装置を支配するパワーエリートたちの中で不釣り合いに大きい比率を占めている」。このような状況では、階級支配を保証する国家の役割は、階級的背景の役割より大きい（Scott［1991：151］）。

社会発展の産業社会型モデルを支持する経営者支配論者とは対照的に、反―経営者支配論者は、資本主義は変化したとはいえ、原形をとどめないほどに転換したわけではないと主張する。所有は非個人化されたが、廃絶されたわけではない。戦略的なコントロール（すなわち長期計画）は保持されており、たんに運営上のコントロール（すなわち長期目標の中期的・短期的実現）が手放されたにすぎない（Scott［1985］, Clegg *et al.*［1986］）。資本主義発展の原動力である利潤動機は、いまも同じように重要である。資本家階級の経済的権力は国際的企業の成長によってさらに強化され、富の独占と教育によって階級としての連続性も保たれている。ここからスコットは、次のように結論した。「経営者革命は完成に近づいたどころか、まだ始まってもいない」（Scott［1985：260］）。

ここまで分析を進めてくると、次の疑問が起こってくる。大きな不平等と周期的経済危機に特徴づけられる民主主義社会において、相対的に少数者である資本家階級はどのようにして富と権力を独占するのだろうか、と。この問いに対する可能な答えのひとつは、資本家階級の経済的・政治的支配は、その利害に貢献するとともに、広く他の階級も共有できるような観念によって正統化されている、というものである。資本家階級の支配のこのように合意的な側面は、マルクスとエンゲルスが支配階級という用語を使ったときのもうひとつの意味であったが、彼らは支配階級の支配の政治的表現と知的表現の違いを「体系的」に説明しなかった（Bottomore [1991 : 485]）。

こうした市民社会の階級支配は、グラムシ（Gramsci [1971]）にしたがってヘゲモニーと呼ばれるが、マルクス主義理論のより一般的な言い方では、支配的イデオロギー論として知られている。それは、私有財産の美徳を強調する支配階級の強力なイデオロギーの存在によって、すべての階級が資本主義的社会秩序の全体を受け入れるようになるというものである。しかしこれは、「社会についての過剰に社会化された概念」と、従属階級のイデオロギー的統合の過剰な強調にもとづいていること、また近年の資本主義では、大衆教育とマスメディアに代表される伝達メカニズムの発展とともに、支配的イデオロギーの一貫性が低下していることなどから、あまりにも複雑で問題の多い命題だと指摘されてきた（Abercrombie *et al.* [1980 : 152]）。より具体的には、第1に、支配的なイデオロギーの主要な諸要素の間でも、私有財産を所有し相続する権利と結びついた属性的特権と、資格主義や官僚制と結びついた業績的特権の間には緊張関係があることが指摘される（Abercrombie *et al.* [1980]）。第2に、アバークロンビーらが論じるように従属階級の統合は、価値の共有というよりは、マルクスのいう「経済的諸関係の無言の強制」（『資本論第1巻』＝『全集』第23b巻963頁）や、現状の「プラグマティックな受容」（Mann [1973：30]）と関係する部分が大きいと論じられてきた。第3に、これに関連することだがヴェブレンは、競って「見せびらかしのための消費」をすることを通じて、「金銭的な名声をめぐる競争」を繰り広げることの、政治的に保守的な効果を強調した（Veblen [1970：39]、Edgell [1992] も参照のこと）。第4に、ヴェブレンはさらに、愛国心から生じる社会的一体感や、帝国主義によって生まれ、すべての階級に共有される「心的所得」を強調した（Veblen [1964：71]、Edgell and Townshend [1992] も参照のこと）。第5に、報酬システムが破綻したり改革が失敗したときには、統制を再確立し秩序を維持するために、異議申し立てをする従属者に対して直接の暴力や政治的抑圧が加えられる（Miliband [1989]）。産業資本主義への移行期には物理的強制がより一般的で、先進資本主義は経済的従属によって特徴づけられると考えられる（Abercrombie *et al.* [1980]）。しかしそれだけではなく、一九八〇年代の英国（他の諸国でも）では、資本主義の原理的な価値が再燃し、これが支配的イデオロギーの内的統一性を強化し、資本家階級はそれを支持した（Edgell and Duke [1991]）。これは、「資本家階級は経済的、政治的、そして文化的に支配的である」（Bottomore [1989 : 10]）ということを示唆するものである。

中間（諸）階級

二〇世紀の間に、近代資本主義社会の階級構造の中間部の階級的諸位置は、他のどの階級的位置にもまして拡大し細分化したと考えられ、そのため一般に、「現代社会学の中でももっとも扱いにくい問題のひとつ」（Abercrombie and Urry [1983 : 1]）とみなされるようになった。伝統的には、歴史的で、また理論的には微妙な区分が、「古い」財産を所有する「中間階級」と、「新しい」非所有の「中間階級」の間に設けられてきた（たとえばMills [1956]）。この二つは、プチ・ブルジョアジー、ホワイトカラーまたはノンマニュアル階級としても知られている。前者は雇用者のいない自営業者を含み、後者はいくらかの権威をもつホワイトカラー労働者から高度な資格をもつ専門職までを含む。このように不均質な中間階級が二元的に概念化されているということが、諸階級の中でももっとも多くの問題をはらむこの階級について材料を提示する際の基礎となる。

旧中間階級

この「古い」自営中間階級は、生産手段を所有するとともに動かしもするという点に特徴がある。彼らはしばしば他者を雇うが、一般にはそれは近親者である。マルクスとウェーバーは、この階級をそれぞれ「中間階級の下層部分」「下層中間階級」と呼び、ともにこの階級が、大資本家からくる競争の砲火の中で消滅すると予想していた（『共産党宣言』=『全集』第4巻483頁、Weber [1964 : 427]）。しかしながら、マルクスが彼らはプロレタリアートへ没落すると強調したのに対して、ウェーバーは将来的に彼らのとりうる最良の道は、技術的に熟練することだと論じていた。これはプロレタリア化・対・ブルジョア化という、後に階級の社会学の大きな論争となる対立の、もっとも初期の形態である。しかし現実に起こったのは、大企業が現代経済、とくに製造業部門を支配しているにもかかわらず、小経営は生き残ったばかりか、とくにサービス部門ではむしろ拡大したということだった（Bogenhold and Staber [1991], Burrows and Curran [1989], Scase and Goffee [1980], Storey [1983], Wright [1985], Steinmetz and Wright [1989])。

自営中間階級の内部は、たとえば自営業者、小雇用主、オーナー管理職、オーナー役員などのように多様だが（Goss [1991]）、スケイスとゴフィー（Scase and Goffee [1982]）はこの階級に対する三つの異なるアプローチを区別した。1番目は、最終的には消滅することを強調するもので、私はこれを偽装理論と名づけた。2番目は、生き残るという点に注目するもので、周辺化理論と呼ぶことができる。3番目は、小さいことはしだいに美点になるとするもので、脱周辺化理論と名づけることができる。

最近まで、歴史的な動向はネオ・マルクス主義の偽装理論を支持するようにみえた。米国の国勢調査によると、一九六〇年から一九八〇年の間に、労働力人口に占める小資本経営の比率は一三・八％から九・三％にまで低下した（Wright and Martin [1987]）。同様に英国でも、自営業者の公式統計上の数は一九七〇年から一九七九年の間に、二〇〇万から一九〇万に減少している（Brown [1990]）。しかしながら一九八〇年代には、多くの西洋諸国で小経営部門が拡大した（Loutfi [1991]）。たとえば英国では、自営業者が一〇年間で約五〇％も増加した（Brown [1990]）。この歴史的反転傾向は、保守党政権が失業の増加に対抗する政策の一部として、自営業者を優遇する政策（たとえば、企業援助制度）をとったことと無関係ではない（Curran *et al.*

[1986])。それはまた、柔軟な企業組織や下請企業の活用が拡大してきたこととも呼応している(Hakim [1988])。これが新しい長期的趨勢なのか、それとも短期的な変化なのかについて結論するのは、まだ早すぎる。

ミルズはかつて、没落する中間階級のことを「ルンペン・ブルジョアジー」と表現したが(Mills [1956 : 28])、ゲリーはこれを偲ばせる用語を使って、こうした小資本主義の成長の意味について考察し、過剰となった賃労働者が、不安定で労働時間が長く、労働条件が悪く、低収益の自営業へと移動したということは、「偽装プロレタリアート」の出現を意味するのだと指摘した(Gerry [1985 : 188])。こうして労働者階級の一部は自営業者へと消えていったが、階級的な状況は以前と同じようなものであり、彼らは搾取と抑圧から逃れたわけではない。しかしこのような就業上の地位の変化は、集団主義から個人主義に移行したということであり、英国と米国では右翼政党を支持する傾向と結びついた(Bechhofer and Elliot [1978], Form [1982])。結論的にいうと、ネオ・マルクス主義の偽装理論を即座に却下することはできない。没落する旧中間階級は部分的に、偽装した形態においてではあるが、拡大する労働者階級によって置き換えられたのである。

旧中間階級は、大資本と組織労働者を中心とする階級構造の「外部」に立ち、この二つの階級に脅かされている周辺的な階級だというのが、近年になってこの階級が復活するまでの、ひとつの見方だった（Bechhofer *et al.* [1974], Bechhofer and Elliot [1981]）。この階級が生き残った理由は、財産の継承、少しばかり豊かになるための従属から脱出することの魅力、ビジネス・サイクルや技術の変化に必然的に伴う新しい機会の創造といった経済的要因、小資本主義がその経済的機能とともに重要なイデオロギー機能を発揮するのを政府が歓迎していることなどの政治的要因によって、説明される。つまり新規参入企業を支援することは、増加した失業者の一部を吸収するとともに国家支出を削減する、イデオロギー的に健全な方法なのである。この議論はヘンリー（Henry [1982]）が提起した、不況の時期には余剰労働者が「闇」の領域で生存する戦略をとるようになり、これによって経済のインフォーマル・セクターが拡大することに注目する「勤労失業者」命題と適合的である。総じていえば、小規模資本主義がフォーマルまたはインフォーマルな分野でもちこたえるということが、この階級を周辺部で持続するものと位置づけるひとつの論拠なのである。

3番目の見解は、旧中間階級を没落する、または不活性で変則的な階級とみなすのではなく、拡大しつつある典型的な階級とみなす点で、もっとも楽天的なものである。しかもこれは、いちばん最近になってあらわれた理論であり、もっともらしく話題を呼ぶ性質をもっている。この理論は、自営中間階級が将来的にはいま以上に広くみられるようになると断言するが、それはいくつかの社会的趨勢を肯定的に解釈することにもとづいている。第1に、製造業からサービス経済への移行は、資本集約的ではなく労働集約的な性格をもつ小資本主義の成長に有利に働く（Institute of Employment Research［1987］）。第2に、技術変化によって、かつては相対的に高価だった資本、とくにコンピューターがすべての企業に利用可能になることが、小企業の成長を容易なものにする（Scase and Goffee［1982］）。第3に、大企業より小企業の方が労働者にも環境にもやさしいという、生活の質に関する議論がある（Boissevain［1984］）。第4に、企業文化の復活という歴史的流れの中で、小企業は流行の思潮となり、右翼政権の政策によって支援された移動の機会と受け取られている（Burrows［1991］, Goss［1991］）。最後に、失業への対策として、あるいは官僚主義的ヒエラルキーの中での労働に対するオルタナティヴとして、協働組合（自営業者の共同体）が成長してきている（Cornforth *et al.*［1988］）。この理論は、現在起こっているあらゆる種類の小資本主義の復活が将来も続くこと、そして旧中間階級がますます重要な階級になることを示唆している。しかしこの見解は、小規模資本主義はリスキーだという周知の事実を軽視しており（Hudson［1989］）、「旧」中間階級が今後も成長し続けることを保証したというにはほど遠い。

就業上の地位によってひとまとめにされたものの、多様な階級状況を含んだひとつの階級について、一般的に論じるのは難しい（Curran and Burrows [1986]）。以上に概観した諸理論はそれぞれ、旧中間階級の異なる側面に注目している。偽装理論は、この階級の中の弱い人々の労働条件を強調する。周辺化理論はこの階級の存続を説明する要因に注目する。脱周辺化理論は、この階級を成長させる要因に関心を集中する。最近の比較分析は、「近年の自営業者の増加は、労働市場の欠陥の反映だという方が、発展によって欠陥が解決されたことの反映とみるよりも、おそらく正しい」（Bogenhold and Staber [1991：235]）と結論している。このことは、この中間的階級の未来という問題に関して、最終的な没落も限りない成長も認めない周辺化理論がもっとも有望であることを示唆する。確かなことは、旧中間階級の歴史的没落傾向が、「少なくとも一時的には」（Steinmetz and Wright [1989]）終結したらしいということである。

新中間階級

新中間階級とはホワイトカラーの被雇用者のことだが、この階級の変化に関する近年の論争も、やはりマルクスとウェーバーの、階級分析についての先駆的な業績に起源を求めることができる。マルクスによると、ホワイトカラー労働者は「賃金労働者の比較的高給な部分に属する」が、「事務所内での分業」の進展と「公教育の普及」によって、この種の労働者の供給は増加し、その賃金は低下する（『資本論第3巻』＝『全集』第25a巻375-376頁）。マルクスの「価値低下」あるいはプロレタリア化仮説とは対照的に、ウェーバーは逆の趨勢が支配的になると予想した。彼は、「行政の官僚制化が進むにつれて、専門試験の重要性が高まる」とし、そのために引き起こされる「あらゆる領域における教育資格創出への要求は、官庁や事務所に特権的な階層が形成されるのを助長する」（Weber [1961：241]）と論じる。このようにマルクスとウェーバーは、ともにホワイトカラーが新たに成長することに気づいていたが、この趨勢に異なる解釈を与えたのである。

数字上の問題からいえば、マルクスとウェーバーはともに、ホワイトカラー群の拡大を正しく予想していた。たとえば英国では一九一一年から一九八一年の間に、ホワイトカラー労働者（専門職、管理職、監督者、事務職）の就業人口に占める比率は一四％以下から四三％以上にまで増加した（Routh [1987]）。同様の変化は米国でも起こっており、一九〇〇年から一九八〇年の間にホワイトカラー労働者（経営者、専門職、管理職、販売・事務職）の労働力に占める比率が、一七・五％から五二％を超えるまでに増加した（Gilbert and Kahl［1987］）。

重要な問題は、この階級構造の「中間部分」に起こった変化を、どのように解釈するかである。ひとつの可能性は、マルクスの命題は事務労働者の階級状況の悪化によって、ウェーバーの命題は専門職の階級状況の向上によって、ともに支持されたと論ずることである（Abercrombie and Urry［1983］）。いいかえれば、新中間階級は技能水準の低下した単純ホワイトカラー部分と、技能水準の向上した専門職部分という二つの異なる集団に分裂したのであり、マルクスとウェーバーはともに正しかったのである。

ブレイヴァマンは、とくに単純ホワイトカラー職に言及しながら、マルクスのプロレタリア化の三つの形態（第1章参照）のうち、社会と労働のプロレタリア化に注意を促した。彼は、二〇世紀の英国と米国における事務職の大規模な拡大は、この社会のマニュアル労働と精神労働がともにプロレタリア化したことの一環だと主張する。彼によると、今日とは対照的に、かつての事務員たちは「機能、権威、給料、雇用期間、将来の見通し」などの点で、「工場労働者よりは雇用主に近かった」（Braverman［1974：295］）。つまり事務労働者の階級状況は、オフィス・ワークの官僚制化、合理化、女性化とともに悪化してきたのである。ブレイヴァマンは、自分のネオ・マルクス主義的な命題を展開させながら、独占資本主義において、単純ノンマニュアル労働者を中間階級のメンバーに含める見解を批判する。

現代の膨大な数の事務労働者に、初期資本主義のほんの小さな、とっくに消滅した事務職層の「中間階級」的、あるいは準経営者的職能があると考えるならば、結果は現代社会の途方もない誤解でしかありえない（Braverman [1974：293]）。

ブレイヴァマンの命題は多くの研究を促し、労働社会学と階級の社会学の両方を通じた重要な論争の焦点となった（たとえば、Littler and Salaman [1984], Thompson [1983], Wood [1983]）。ここでの議論に関係の深い批判は、次のようなものである。第1に、マニュアル労働とノンマニュアル労働がともに低技能化しているというブレイヴァマンの理論を支えている熟練観は、一九世紀の熟練労働についての誤解を含んでいる（Cutler [1978]）。たとえば、事務員についての歴史的研究は、ビクトリア期の事務員は半経営者的な熟練労働者だったとする彼の記述が、事務労働の熟練的な側面ばかりを取り出して強調し、熟練度の低い職務を無視するという点で、誤ったものであることを示している（Attewell [1989]）。

第2に、マニュアル労働とノンマニュアル労働がともに、二〇世紀を通じて低技能化してきたというブレイヴァマンの主張は、低技能化が不均等なプロセスだということをとらえそこなっている（Penn and Scattergood [1985], Lowe [1987]）。調査研究はやはり、ブレイヴァマンの強調したような事務職の低技能化の一方で、コンピューター化のような技術の変化が技能の向上をもたらしていることを示している（Crompton and Reid [1983], Gallie [1991]）。

これと関連して第3に、プロレタリア化をめぐる議論は「代表性のあやふやなケース・スタディに大きく依存したために、困難をこうむっている」（Gallie [1991：337]）と指摘されている。より代表性のある国勢調査やその他のデータを検討した場合は、プロレタリア化命題の労働次元における格下げを支持することはできない（Goldthorpe [1987], Gallie [1991]）。ただし、技能水準の向上の方が低下より一般的だとしても、ギャリーは「男性は技能水準の向上のプロセスから、女性よりも相当多くの利益を得ている」と、証拠をあげて指摘している（Gallie [1991：343]）。

最後に4番目として、ブレイヴァマンの階級論は、全能の資本家階級が完全に従順な労働者階級を支配しているという、過度に「決定論的」で「一面的」な議論だと批判されている（たとえば、MacKenzie [1977]）。そのため、階級が均質化するという彼の理論は、労働組合への組織化全般、とりわけホワイトカラーの組織化にみられるような、階級意識や階級行動の多様性を説明できないのである（Price and Bain [1983], Hyman and Price [1983]）。要するにブレイヴァマンは、マルクスのいうプロレタリア化の第3の決定的な側面、労働の退化による労働者の急進化という問題を無視していると批判されているのである。

しかし、単純ホワイトカラー労働者がいろいろな点でプロレタリア化するという命題を提示したのは、ブレイヴァマンだけではない。米国の社会学者、ミルズ（Mills [1956]）やアロノウィッツ（Aronowitz [1974]）はともに、ホワイトカラー労働は歴史的にみて、機械化と官僚制化の影響から技能水準の低下をきたし、その結果、オフィスで働くことは工場で働くこととほとんど変わらなくなると主張した。より最近には、ライトとシングルマン（Wright and Singlemann [1982]）が研究の初期の段階で試論的に、米国の全国データにもとづいて、プロレタリア化傾向が脱プロレタリア化傾向より顕著だと論じていた。後の論文では、彼らは逆の結論に到達しているが（Singlemann and Tienda [1985], Wright and Martin [1987]）、いずれにしてもプロレタリア化命題をなかなか放棄しようとしない。彼らは、プロレタリア化というのは、格上げのプロセスは「中核的資本主義国」で、格下げは第三世界で起こる可能性があるという意味で、国内的というよりも国際的な問題だと示唆するのである（Wright and Martin [1987 : 23]）。

英国ではウェスターガードとレスラーが、相対賃金と労働での統制力にもとづいて、（男性の）「下級事務・販売被雇用者」は二〇世紀を通じてプロレタリア化を経験してきたと主張した（Westergaard and Resler [1975 : 75]）。また「公式階級分類」上の位置や社会的地位に関していえば、事務員は一九一一年から一九三一年の間に、階級Iから階級Ⅲへ格下げされている（Hakim [1980]）。これは、事務労働者の数が三倍に増加し（その大部分は女性だった）、オフィスでの仕事が機械化され、タイピング・プール（タイプ部）が導入された時期にあたる（McNally [1979]）。このようにオフィス・ワークのプロレタリア化は、オフィス・ワークの女性化と並行していたのである。低技能化した労働者が第三世界に多くなっていくという空間的分業についての議論も、英国の再構造化との関連で、さらに進展をみせている（Abercrombie and Urry [1983]）。

ホワイトカラーのプロレタリア化というネオ・マルクス主義の命題に対する対案は、ロックウッドの研究（Lockwood [1958]）にみることができる。ロックウッドは、職業状況、市場状況、地位状況の区別にもとづきながら、オフィス・ワークの官僚制化と合理化にもかかわらず、マニュアル労働者に比較すると、男性事務員は依然として、権威に対して社会的にも物理的にも近接した位置にあり、給与も高く、昇進の見込みも多く、高い地位についている、とする。そして彼は、事務員は「非所有の地位」をマニュアル労働者と共有しているとはいえ、多くの点で階級構造と地位構造の中のより有利な地位を保持しているので、労働と社会のプロレタリア化命題は却下されるべきだと結論した。ブレイヴァマンと対照的に、ロックウッドは政治的プロレタリア化命題をも取り上げている。彼は、事務労働者の階級状況の幅の広さが、階級意識の極端な「多様性」に結びついていることを発見した（Lockwood [1958 : 211]）。結論的にロックウッドは、マルクス主義の虚偽意識についての理論もやはり、事務労働者にはあてはまらないと結論した。

原著の新版の長いあとがきで、ロックウッドはその後の研究に照らし合わせながら事務員の階級状況について検討し、単純ノンマニュアル労働者について、ネオ・マルクス主義理論によるプロレタリア化の三つの形態のすべてを、再び否定した（Lockwood [1989]）。これに対して、彼は階級状況と階級意識の多様性の関係の問題を再び強調し、「いくぶん寄せ集めの」データにもとづいて二つの可能性を指摘した。

より信頼できる見方は、事務労働はプロレタリア化してきたといわれてはいるが、事務労働者の多数部分がプロレタリア化を経験してきたとみる根拠はないとするものである。男性事務職の昇進機会と、女性事務職のかなり早い離職は、それが事実に反することを、多かれ少なかれ確証しているのである。第2に、合理化と機械化の結果、事務労働そのものが全般的に「退化」してきたという見解には、あまり多くの裏づけがない。実際、新しい技術の影響についての最近の詳細な調査やケース・スタディは反対の結論、つまり一般的な結果として再技能化、さらには職務の向上が起こっているという結論を導いている（Lockwood [1989 : 250]）。

ロックウッドの立場を支持するのは、ゴールドソープである。彼は、「少なくとも英国では、ホワイトカラーのプロレタリア化命題は労働者階級のブルジョア化命題と同様、実証的には疑問であることが示されたといってよい」（Goldthorpe [1972 : 355]、同様に Goldthorpe and Bevan [1977] も参照）と述べている。より最近になってゴールドソープとエリクソンは、プロレタリア化理論にしたがえば、「格下げされた職業がより高い地位から『強制的に下降移動』した人々によって担われる、これらの人々はこうした職業から脱出するチャンスがほとんどない、という二つが示されなければならない」（Erikson and Goldthorpe［1992：13］）が、関連するこの二点からみると、移動に関するデータはプロレタリア化理論に決定的に不利だと主張する。というのは、単純ノンマニュアル労働者に関する限り、スチュアートら（Stewart *et al.*［1980］）、マーシャルら（Marshall *et al.*［1988］）をはじめとする調査が、これらが事実に反することを示しているからである。

ホワイトカラーのプロレタリア化をめぐる論争の論点を明確にするためには、ジェンダーの次元が重要であると思われる。というのは、男性は女性の犠牲の下で、技能水準の向上した職業の増加によって恩恵をこうむる傾向があり、女性は低技能化した労働に集中しすぎていると論じられてきたからである（Crompton and Jones［1984］）。スチュアートらの男性事務員についての研究も、「昇進のチャンスが限られた、もっとも退屈な職務」という位置にある女性たちと、「お決まり」のように昇進していく男性事務職を対比している（Stewart *et al.*［1980：94］）。同様にマーシャルらは、他のすべてのプロレタリア化命題は否定しながら、「一般事務サービスに雇用されている女性は単純な職務を遂行しており、この職務は彼女らの労働を、マニュアル被雇用者に典型的な労働と区別のつかないものにしている」（Marshall *et al.*［1988：136］）と論じている。しかしながら、このプロレタリア化命題のジェンダー版が有効だと主張するためには、女性がオフィス・ワークのプロレタリア化を経験してきたということが示される必要がある。実際には女性たちは、単純な管理業務の「急増の直接的な結果として採用された」（Lowe [1987 : 143-4]）のだから、このような経験をもつ女性は非常に少ないのである。

それでも、いくつかの職業と一部の人々（とくに、「女性職」の）はプロレタリア化されてきたし、ここからギデンズは「女性はある意味で、ホワイトカラー部門の『アンダークラス』である」（Giddens [1979 : 288]）と結論した。したがって下層中間階級のプロレタリア化に関する限り、穏当な結論は、主要な趨勢は男性の再技能化であり、副次的な趨勢は女性の低技能化だというものである（Abercrombie and Urry [1983]）。このことは、先進社会の職業階級構造全体を通じて、全般的に格上げが起こっているという命題を支持する証拠はあるものの、技術変化との関係で、社会の内部あるいは異なる社会の間での両極分化が起こっているようにもみえるということを示唆する（Gallie [1991] を参照）。このように、プロレタリア化をめぐる論争は非マルクス主義者に有利な方向で解決しそうにもみえるが（Crompton [1990]）、二次労働市場の成長、とくに臨時雇用化などのすべては、住宅の両極分化（Ford [1989]）や労働の両極分化（Gallie [1991]）を含意しており、プロレタリア化は複合的なものであって、完全に効力を失ったわけではないということを示唆している。

新中間階級の他の部分は、管理職と専門職から構成されており、数の上で増加してきただけではなく、この一世紀の間に階級状況を向上させてきたと考えられている。しかし新中間階級のこの部分が量的・質的両面で、歴史的に変化してきたということについては疑問がないものの（Abercrombie and Urry [1983], Gilbert and Kahl [1987], Routh [1987], Wright and Martin [1987]）、こうした変化がどのように生じてきたかについては、対立する説明がある。カーター（Carter [1985]）のようなネオ・マルクス主義者は、資本の集中と管理の重要性によって、階級構造の中での管理職の役割が大きくなったという点を取り上げる傾向がある。これに対してネオ・ウェーバー主義者は、パーキン（Parkin [1979]）のように、労働の専門化と公的資格の重要性の増大によって、階級構造の中での専門職の役割が大きくなったことを指摘する。このように新中間階級の中で管理職と専門職がともに増加してきたことを示すために用いられてきたのが、サービス階級（第2章参照）という用語である。この概念が、このように複合的な知的系譜をもつことを考えれば、アバークロンビーとアーリー（Abercrombie and Urry [1983]）が、新中間階級についてネオ・マルクス主義とネオ・ウェーバー主義を統合した説明を提示するためにこの概念を利用したのは、非常に適切なことだった。

アバークロンビーとアーリーにとってサービス階級とは、相対的に特権的な労働と市場状況によって、低技能化したホワイトカラーから区別される新中間階級の「上位」部分だという意味で、ネオ・ウェーバー主義的な観点から分析できるし（Abercrombie and Urry [1983：118-22]）、また「統制、再生産、概念化といった、労働との関係で資本に必要な諸機能を遂行する」（Abercrombie and Urry [1983：122]）という理由から、ネオ・マルクス主義的な観点からも分析できるものなのである。一般にこの階級は、資格にもとづいて、官僚機構によってリクルートされる。サービス階級に位置する人々はキャリアをもち、これに付随した権威や自律性といった特典を享受し、さらには官僚的ヒエラルキーを上昇するにしたがって、定期的に昇給やいっそうの好条件を受け取ることができる。サービス階級と他の階級の関係に関してアバークロンビーとアーリーは、経営の再組織と、これに付随する資本と労働の脱個人化により、「知識、技能、統制が、中間階級の異なる部分に別々に具現化される」ため、資本は「弱められる」ことになると示唆している（Abercrombie and Urry [1983：132]）。そして彼らは、「サービス階級を潜在的な支配階級とみるのは正しくない」が、この階級の権力は「資本と労働、とくに労働の犠牲の下で」拡大しているのだと結論する（Abercrombie and Urry [1983：151]）。そして議論は、サービス階級が資本家階級にとって代わったと主張する一歩手前のところで止まり、むしろこの二つの階級の機能は「いくぶん区別しにくいものになった」と主張されるのである（Abercrombie and Urry [1983：153]、同様にLash and Urry [1987] も参照）。

「したがって、サービス階級を『中間にある』階級とみなすことは、ますます無意味になっている」（Abercrombie and Urry [1983：124]）というアバークロンビーとアーリーの主張は、サービス階級に上層の被雇用者と大所有者を含めるゴールドソープ（Goldthorpe [1987]）の用法に近い（第2章参照）。もっともゴールドソープは、サービス階級を「何らかの形態のより上位の主体に従属する階級」（Goldthorpe [1982：180]）としても描いている。しかしこの点にかかわらず、これらの社会学者たちはサービス階級は中間階級ではなく支配的な階級だと示唆しているようにみえる。この見解を支持するためには、資本が弱くなった（これ自体、問題の多い命題である。113－116ページを参照）と指摘するだけでは不十分であり、サービス階級の権力の基盤である組織資産と教育資産が、私有財産の権力に対抗できるものであること、そして企業の頂点のさまざまな資本家の地位を占める人々の間には重なり合う部分があることを示す必要がある。後者は事実かもしれないが（Scott [1991] を参照）、組織資産と教育資産は、階級権力の源泉としては私有財産に劣っている（Savage *et al.* [1992] を参照）。具体的にサベッジらは、私有財産は蓄積、保存、伝達が容易にできるという点で階級形成の最強の基盤であり、これに対して文化資産は、保存することはできても、組織という背景の中でしか有効なものにならないし、またコリンズのいう「インフレ闘争」（Collins [1979 : 193]）にさらされていると指摘する。また組織資産は、相当の報酬を生み出す潜在力をもってはいても、私有財産や資格のような安定性に欠けている。

サベッジらが提案した私有財産、組織資産、文化資産の区別（Savage *et al.* [1992]）は、いわゆる「サービス階級」に特徴的な階級状況の多様性を示すとともに、この「階級」なるものの統一性と永続性に疑問を投げかけるものである。ゴールドソープ（Goldthorpe [1982]）は、サービス階級のメンバーたちは共通の階級状況と雇用主との信頼あるサービス関係によって統一されていると示唆する。こうして彼らは、「現状維持への重要な利害」をもっており、したがって「現代社会の中の保守的な要素」を構成するというのである（Goldthorpe [1982 : 180]）。彼は自分のネオ・ウェーバー主義的な視点を、サービス階級は不況によって急進化される可能性があると論じたマレ（Mallet [1975]）やグールドナー（Gouldner [1979]）など、ネオ・マルクス主義者や「新しい階級」論者と対比させている。ゴールドソープはこうした可能性について懐疑的なのだが、最近の研究は、私的部門の管理者は公的部門の管理者より保守的な傾向があり、一九八〇年代の英国では後者が、公共支出の削減によって急進化したことを示している（Edgell and Duke [1986, 1991]）。

アバークロンビーとアーリー（Abercrombie and Urry [1983]）の新中間階級についての分析は、サービス階級と資本家階級の区別よりも、女性が中心の単純ホワイトカラー労働と男性が中心の専門的ホワイトカラー労働の境界を明確にするときに役に立つように思われる。専門職と管理職の新中間階級は支配的なサービス階級の一部だという見解とは対照的に、サベッジら（Savage *et al.* [1992]）は、文化資産は組織資産より優位にあり、私有財産はこの両者より優位にあることを強調している。したがって中間階級の内部分化は、私有財産、文化、組織という三つの階級資産を区別して、これらが自営、専門的、管理的という三つの中間階級に基盤を提供しているというふうに、体系的かつ明快に把握することができる。しかしながら、これら異なるタイプの資産の重要性は歴史的に、また空間的にも異なっていて、このことが特定の時点、特定の社会の中間階級の形成プロセスに影響するのである（Savage *et al.* [1992]）。

従属（諸）階級

伝統的には、従属階級とは労働者階級のことであり、それは常にマニュアル労働者として操作化されてきた。何と名づけられようと、またどのように定義されようと、この階級は階級研究の主要な焦点であり続けてきた。そして研究の大部分は、次の問いに向けられてきた。それは、「マルクスが、資本主義的生産様式を転覆して階級のない社会のあり方を実現するというその歴史的役割について論じて以降、労働者階級に何が起こったのか？」という問いである。

マルクスによれば、革命的な変革は、産業資本主義がもっとも発展したところで生じるはずである。「産業のより発展した国は、発展度のより低い国に、ただその未来の姿を示しているだけである」（『資本論第1巻』＝『全集』第23a巻9頁）。したがって、二〇世紀を通じて主要な資本主義経済であり続けてきた米国には、もっとも革命的な労働者階級がいるはずである。ところが米国は一般に、プロレタリアがもっとも成長していない、そしてもっとも発達した産業社会として描かれている（Lipset［1969］）。この明らかなパラドックスは、一九〇六年にドイツの社会学者ゾンバルトが、その著書の題名で「なぜ米国に社会主義が存在しないのか?」(Sombart [1976]) とはじめて問いかけて以来、多くの研究や論争の主題となってきた。

ゾンバルトの出発点は、資本主義は社会主義への道を開くというマルクス主義の命題だった。そして彼は、米国はこのマルクス主義の社会変動に関する理論の眼目を検証するための「典型例」を提供すると考えた (Sombart [1976 : 15])。ゾンバルトは社会主義の証拠を探し、アメリカ社会党がほとんど支持されていないことを発見した。彼はまた、米国の労働者階級は「手段的志向」をもち「反抗意識」に欠けるという点で、個人的にも組織的にも「企業精神」に支配されていることを発見した (Sombart [1976 : 21-22])。この結論はゾンバルトを、その半世紀前にトクヴィル (Tocqueville [1948]) がはじめて指摘していた米国例外論へ、そして「米国とヨーロッパのどちらが未来の地 (the land of future) なのか?」(Sombart [1976 : 24]) という問いへと導いた。

米国の労働者階級の保守性についてのゾンバルトの説明は、「ローストビーフとアップルパイ」理論と呼ぶことができるかもしれない。なぜなら彼は、ヨーロッパ、とくにドイツの労働者が相対的に貧困であるのに対して、米国の労働者が相対的に豊かであることを強調しているからである (Sombart [1976 : 62-106])。しかし、彼はその他にも、広範囲の地域的・国家的民主化（同：29-32）、既存政党の支配（同：33-44）、エスニシティ、人種、宗教のような、非階級的な社会的・政治的分裂（同：49-51）、愛国心（同：19, 106）、封建的諸制度の不在（同：109）、諸階級の間の社会的距離が最小限であること（同：110）、そして最後に、重要な点として、社会的上昇移動の可能性とイデオロギーを作り出す開かれた開拓前線の役割（同：115-8）などについても言及している。ゾンバルトは自分の理論を、米国の労働者が「その政治的位置と経済状況、きわめて民主的な政府システム、そして快適な生活水準の結果」、「そのヨーロッパでの対応物に比べてずっと恵まれている」（同：109）と述べて締めくくっている。彼のこの短い本の論旨を考えると、最後に彼が次のように述べていることには、いささか驚かされる。

米国においてこれまで社会主義の発展を妨げてきたすべての諸要因は、まもなく消滅するか、反対の要因へと転化され、次世代には米国の社会主義はその主張を最大限に広める可能性がきわめて高い（Sombart [1976：119]）。

このようにゾンバルトは、マルクスの経済的・政治的な論理を受け入れ、米国は例外的なケースだが、近いうちには「資本主義の後に社会主義が来る」という命題を確証することになるだろうと論じたのである。米国例外論をめぐる今日の論争は、疑いもなくゾンバルトの先駆的な研究の英文全訳がはじめて出版されたこと、そしてハズバンズ（二人の訳者のうちの一人）による背景説明によって刺激されたものであり、現在でもとどまる気配がない（Bottomore [1991], Piven and Cloward [1982], Ross [1991], Shafer [1991] を参照）。さらに、米国はますます急進化する労働者階級というマルクスの期待を裏切った唯一の先進産業資本主義社会ではない（Katznelson [1981]）という議論をきっかけに、米国社会の階級構造は特殊だという主張についてのより詳細な再検討が行なわれている。

ヴァンネマンとキャノン（Vanneman and Cannon [1987]）は、通説の基礎のひとつである、米国に特殊なのは労働者階級が限られた階級意識しかもっていないことだという説を問題にした。彼らはまず、米国の労働運動は比較的小規模（今日では、英国では被雇用者の五人に二人が労働組合員なのに対して、米国では五人に一人以下にすぎない）だが、これは米国が階級闘争免除地帯であることを意味するのではないとする。彼らは、米国のストライキは、他の産業資本主義社会に比べて長期的かつ強硬なものになる傾向があると主張するのである。第2に彼らは、アメリカでは二大政党がいずれも資本の利害を代表していて、左翼政党が不在であるが、このことは労働者階級の棄権率の高さと無関係ではないと論じる（第6章参照）。第3に彼らは、労働者階級を下層ホワイトカラー労働者を含めて定義した上で、米国および英国の白人について、男性雇用労働者と女性雇用労働者（または「男性世帯主」が経済活動に従事している女性）の階級認知についての比較分析を行ない、両国の労働者階級の階級意識にはほとんど違いがないことを示した。最後に彼らは、「米国の政治と米国の階級闘争全般について例外的なことは、米国資本の異常なまでの強力さである」（Vanneman and Cannon［1987：167］）と論じる。たとえば、労使紛争が長引いた場合、「資本の側が敗北することはほとんどないが、それは部分的には、たとえ一時的には損失をこうむるとしても、強くもちこたえるだけの財源を有しているからである」（Vanneman and Cannon［1987：295］）。こうして彼らは、米国の労働者階級の弱さを階級意識の欠如のせいにするのは間違いだと結論する。彼らは、「犠牲者をとがめる」のではなく、「もっとも階級意識に目覚めたプロレタリアートも、強力で結束した支配階級に容易にうち勝つことはできない」（Vanneman and Cannon［1987：14］）と主張する。このようにヴァンネマンとキャノンは、特徴的なのは米国のプロレタリアートの階級意識ではなく、「米国資本の力量」だと強調するのである（Vanneman and Cannon［1987：

291])。

ヴァンネマンとキャノンは、米国は特殊だというゾンバルトの見方を支持するが、「アメリカン・ドリームは、安楽と豊かさを得る見通しを含む限りにおいて、階級闘争への道には概して不適切である」(Vanneman and Cannon [1987 : 278])という、彼の中心主張である経済的説明は拒否する。しかも彼らの結論は、ゾンバルトによって、またその後の多くの社会学者たちによって展開されてきた、米国の労働者階級は一般に保守的だという見解と矛盾するだけでなく、その分析の要点は、階級研究の伝統的な論点が逆転されるべきだということを示唆している。つまり、階級意識が欠如しているといって労働者の従属状況をとがめるのではなく、「米国社会の変更可能な特質としての資本の力量を、十分に評価すること」(Vanneman and Cannon [1987 : 292])が求められるのである。

資本家階級の強さの違いを、たとえば歴史的に、あるいは国ごとに比較するという課題に直接とりくんだ研究がほとんどない現状では、この挑戦的な理論はいささか思弁的なものである。しかしながら、サッチャー時代の英国の階級意識と階級行動に関する近年の実証研究は、ヴァンネマンとキャノンの基本的なアプローチをおおむね支持している(Edgell and Duke [1991])。この縦断的研究は、サッチャリズムの下で資本と労働の力関係が資本優位の方向へ変化したことを見出した。しかし支配階級と従属階級の関係のこのような歴史的変化にもかかわらず、とくに労働者と公共部門の管理職の間に急進的な価値が持続していることについては、多くの証拠がある。この研究は、「一九八〇年代における非所有階級の相対的に従順な性格は、大量失業、労働組合法の改定、公共部門の雇用の減少と無関係ではない」(Edgell and Duke [1991：213]) と結論している。

ヴァンネマンとキャノンは、米国の労働者は他の先進社会の労働者階級と同じように階級意識をもち、階級的に行動しているとする自分たちの説を展開する中で、階級と社会変動をめぐるもう二つの問題、すなわちブルジョア化とイデオロギー的統合についても言及している。

すでに一般的に信憑性を失っているブルジョア化命題に関しては、彼らは英国でのゴールドソープらの批判 (Goldthorpe *et al.* [1968, 1969])、米国でのハミルトンの批判 (Hamilton [1972]) に賛同する (豊かな労働者研究プロジェクトに対する評価については、Blackburn and Mann [1979], Devine [1992], Grieco [1981], Kemeny [1972], MacKenzie [1974], Westergaard [1970] を参照)。ヴァンネマンとキャノンは、豊かさの影響を強調する考えは「地位と権力を混同している」という。地位や生活様式の変化は、労働者の従属的な階級状況を変えるものではないのである（Vanneman and Cannon［1987：275］）。

イデオロギーの役割に関してヴァンネマンとキャノンは、階級意識と階級行動に関するデータにもとづき、支配的イデオロギー仮説は労働者階級については疑わしいとしている。彼らは「イデオロギー的ヘゲモニーを、支配階級の内的凝集性と、中間階級のように親密に連合している集群に対して発揮されるものと考える限りにおいては、支配的イデオロギー仮説は、米国資本主義の復元力をある程度説明する」（Vanneman and Cannon［1987：307］）という。すでにみたようにアバークロンビーらは、英国の状況を概観する中で、同様の結論に達している。彼らは、これまで現代資本主義における労働者階級のイデオロギー的統合は誇張されてきたのであり、経済的な「強制が依然として、システム統合と従属的文化のひとつの要素としての打算的アパシーの重要な条件である」（Abercrombie *et al.*［1980：154］）と論じた。エジェルとデュークも、サッチャリズムが作り上げた政治的・経済的変化は「資本家階級の側に追随する支配的な価値を強化した」（Edgell and Duke［1991：212］）として、こうしたヴァンネマンとキャノンの論を支持している。

最後に、米国の社会階層研究が伝統的に、「『階級』という用語ではなく、『社会経済的地位』という用語の広範かつ無批判な使用」(Waters [1991 : 142]) に支配されてきたのに対して、ヴァンネマンとキャノンの米国研究は、社会階級と職業威信の区別に特徴づけられているという点で異例のものである。きわめて重要なことにヴァンネマンとキャノンは、彼らの三つの階級変数(権威、精神労働、自営)に比べると、職業的地位の「階級認知」に対する影響力は弱い(とくに男性の場合)ということを発見した(Vanneman and Cannon [1987 : 91])。このようにヴァンネマンとキャノンの研究では、支配階級をあいまいにするのでも無視するのでもなく、注目すべき中心におくのである。したがって他の多くの人々とは異なり、彼らを、非マルクス主義的な階級概念を使ってマルクス主義理論を検証しているとしてとがめることはできない(Edgell and Duke [1986])。

マーシャルらは、ライト(Wright [1985])、ヴァンネマンとキャノン(Vanneman and Cannon [1987])、エジェルとデューク(Edgell and Duke [1991])らが行なったような、個人の階級意識についての研究すべてに批判的である。というのも彼らは、階級意識は「個人のではなく、組織の属性」だと主張するからである(Marshall *et al.* [1988 : 193])。この階級意識の再概念化は、控えめにいっても疑わしい。というのは、個人の階級意識と組織の行動とは、関連するとしても別の現象であるのに、この見解は意識を行動と等置する傾向があるからである（Evans［1992］）。また、階級意識はその成因に分割される必要があり、あたかも単一の概念として研究されるべきではないという指摘もある（Edgell and Duke［1991］, Evans［1992］）。

英国は階級的に分化した社会であり（Marshall *et al.*［1988］）、米国は階級的に分化していない例外的な社会だという通念を意味ある形で評価するためには、国際比較データにもとづくことが不可欠である（Lipset［1991］）。このようなデータが存在しないうちは、他の諸国が発展し「アメリカナイズ」されていくにしたがって、米国はより例外的でないものとなっていくが、決して普通のものにはならないだろうというリプセットの主張が、説得力を持ち続けるだろう。

アンダークラスに関する覚書

アンダークラスというイデオロギーを帯びた用語は、経済活動に従事していないため、あるいは従事していても不規則的であるために常に貧困であるような、階級構造の底辺部を指すものとして、しばしば用いられている。さらに経済活動がこのような形になるのは、経済的な変化によるものではなく、貧困の文化や剝奪サイクルによるものだとしばしば説明される（Bagguley and Mann［1992］, Macnicol［1987］, Morris［1989］, Pahl［1984］）。経済的に活動的な人々だけに注目する階級研究は、その定義からしてアンダークラスを階級分析から排除し、この「階級」が「社会」の外部であることをほのめかしている（第3章参照）。しかしながらマルクスとウェーバーの二人にとって、アンダークラスは階級システムの欠くことのできない部分であった。

マルクスは「相対的過剰人口」あるいは「産業予備軍」としてアンダークラスに言及しており、階級構造の一方の極での資本蓄積は、反対側の極に使い捨て可能な労働力が集積することに依存していると論じた（『資本論第1巻』＝『全集』第23b巻「第23章第3節　相対的過剰人口または産業予備軍の累進的生産」）。いいかえれば、富と貧困はコインの両面なのであり、アンダークラスは景気循環の一時的な兆候なのではなく、資本主義の永続的な特徴なのである。またウェーバーにとっては、アンダークラスは「棄民」「債務者階級」「貧民」など非特権的な階級のことであり、これらの一部は民族的な地位による差別を経験する場合がある（Weber［1964：425, 1961］）。（マルクス的な）労働市場要因と（ウェーバー的な）文化的特質が同時に起こる場所として、アンダークラスという用語はインナーシティの黒人住民と等置される傾向がある。これは米国で顕著で（Auletta［1982］）、英国でもある程度まではそうである

(Rex and Tomlinson [1979])。しかしこの見方は、エスニック集団内部には階級的な差異がほとんどないとみなすものであるとともに（Brown [1984]）、世帯主が女性の単親家族や貧困な高齢者を無視しており（Field [1989]）、また生態学的な相関を個人レベルでの相関の指標と誤認する傾向、つまり「生態学的誤謬」の傾向がある（Baggu-ley and Mann [1992：115]）。

これに対して、「アンダークラスは意味のある市場的地位に欠けているから、階級ではなく社会的カテゴリーとして定義するのがベストである」という別の主張もある（Heisler [1991：476]）。アンダークラスに対するこのアプローチは、社会的な周縁性（すなわち市民性の要素）という問題を、最低限かつ不規則的にしか労働市場上の労働力にならないという問題（すなわち階級的な要素）と混同する傾向にある。それはまた、富と貧困が相互に結びついていること（すなわち、アンダークラスの使い捨て可能な労働力の役割）や、この階級のメンバーが反乱に加わってきたという歴史的傾向（すなわち力による集団的交渉）をも無視している。さらに、不況や社会福祉支出の削減、脱産業化などによって、米国や英国でアンダークラスが増加していることは、それが先進資本主義社会の階級構造の通常の特質なのだということを示唆している。したがって、アンダークラスは労働者階級の中の低雇用部分もしくは失業部分であり、他のすべての諸階級と同様に移動したり規模の変化する人口部分だが、貧困によって他と区別されるとみなすのが、より生産的であろう。

要約と結論

ネオ・マルクス主義とネオ・ウェーバー主義の階級理論を組み合わせながら、本章では三つの主要な階級グループ、すなわち、大規模な資産の所有者である支配階級、小規模な資産、組織資産、文化資産に基盤をもち、多様で拡大傾向にある中間階級、そして肉体的労働力を売る能力に、そしてある程度までは国家に依存し、分断され、おそらくは減少傾向にある従属階級について考察してきた。米国や英国のような産業資本主義社会の階級システムの基本的な構造は、二〇世紀を通じて変わらなかったが、この基本構造を構成する諸階級の内部と相互関係には、いくつかの重要な変化があった。

もっとも規模の小さい、しかし最強の階級である資本家階級は、個人資本の減少と所有の非個人的形態の拡大を経験してきた。そのため、この階級を特定することはより困難になったが、だからといって資本家階級がなくなったとか、弱くなったというわけではない。中間階級は拡大するとともに分断されてきた。財産を所有する古い中間階級は減少したが、消滅する気配はない。これに対して新しい、非所有の専門職・管理職部分は数の上で拡大し、重要性も増しているが、支配階級の権力を奪取したわけではない。単純ホワイトカラー労働は、拡大するにしたがって女性とキャリア初期の男性によって担われるようになった。これらの労働者の階級的位置は、ネオ・マルクス主義とネオ・ウェーバー主義がともに、ブルーカラー職の男性と単純ホワイトカラー職の女性は、労働の上でも市場状況の上でもますます接近していると考えるようになるにつれて、しだいに論争の的ではなくなってきた。この点での両者の収斂の程度は、次の引用文から判断することができよう。

ホワイトカラー被雇用者の大部分、とくに事務員や書記に従事する被雇用者が、職務について、大目にみてもささいな自律性しかもっていないこと、したがって労働者階級そのものに位置づけられなければならないことは、疑う余地がないように思われる（Wright [1978 : 81]）。

生産組織の中の本質的に従属的な位置を占めていること、無視できる程度の、たかだかきわめて限られた自律性と責任しかもっていないことからみて、単純事務職の女性はマニュアル賃金労働の男性にきわめて類似している（Goldthorpe［1984：495］）。

この論点は何よりも、マニュアル労働とノンマニュアル労働の区別が重要でなくなってきていることを強調するものである。さらにそれは、とくに女性労働者に注目すれば、疑わしくみられがちなプロレタリア化命題も、限定的には依然として有効だということを示唆する。しかし、職業構造全体を通じて労働が格上げされてきていることからみれば、これは副次的な趨勢のようにも思われる。こうした両極化傾向は、第2次労働市場が拡大し、これに付随して雇用条件（安定性、将来の見込み、給与を含む）が悪化するとともに、ますます強調されるようになった。従属階級に関しては、この階級がマルクスの期待を裏切って革命的な変化を達成するのに失敗したのは、とくに米国の場合、労働者階級意識の欠如というよりも、資本家階級の強さのあらわれだと論じられてきた。これに関連する労働者階級のイデオロギー的統合命題とブルジョア化命題は、理論的にも経験的にも根拠薄弱だとして棄却された。最後に、限られた市場能力とそれゆえの貧困に特徴づけられるアンダークラスは、主にインナーシティに居住しているが、拡大しつつあるとともに民族的な不利益と結びつき、断続的に暴力的抵抗をみせていることが見出された。

記述的なレベルでは、ひとたびマルクス主義の歴史理論を放棄するならば、ネオ・マルクス主義とネオ・ウェーバー主義の間にはコンセンサスができつつあるように思われる。経済的な優位性にしたがって、三つの異なる階級権力の源泉、したがって三つの主要な階級が存在する。それは、資本の所有に基盤をもつ支配階級、教育的資産および／あるいは組織資産の獲得に基盤をもつ中間階級、肉体的労働力の所有に基盤をもつ従属階級である。しかしながら、この三階級モデルの論理的一貫性は、これらの諸階級がどの程度まで安定した社会的構成物として特定されるのか、したがって社会移動のパターンと、これら諸階級が経済的報酬と政治的選好の構造とどれほど関係しているかに、大きく左右される。この問題は、次の二つの章で検討しよう。

第5章　階級と社会移動

はじめに

社会移動とは、人々が異なる階級の間を移動することである。ネオ・マルクス主義的な定義によるものを含め、階級構造はヒエラルキー的なものなので、階級所属の格上げを上昇移動、格下げを下降移動と定義することができる。

マルクス（およびエンゲルス）は、上昇移動・下降移動の政治的意味に関心をもっていた。下降移動について彼らは、「中間階級の下層部分は……しだいにプロレタリアートへ転落する」と記し、次いでプロレタリアートは「上昇して」ブルジョアジーを打倒するのだとした（『共産党宣言』＝『全集』第4巻483頁、486頁）。また上昇移動の政治性についてマルクスは、信用が拡大するとともに「財産はないが、勢力も堅実さも能力も事業知識もある一人の男が、資本家になることができる……。被支配階級のもっとも優れた人物を自分の中に取り入れる能力があればあるほど、その支配はますます強固で危険なのである」（『資本論第3巻』＝『全集』第25b巻775頁）と記した。興味深いことにマルクスとエンゲルスは、米国における社会移動の量についても言及している。一八五二年にマルクスは、「階級はすでに存在しているが、まだ固まっておらず、たえざる流動（constant flux）の中で、その構成要素を変化させ、入れ替えしている」（『ルイ・ボナパルトのブリュメール一八日』＝『全集』第8巻115-116頁）と書いている。同様に『イギリスにおける労働者階級の状態』（『全集』第2巻）の米国版序文でエンゲルスは、「安価な土地を簡単に所有できること、そして移民の流入」による上昇移動の「安全弁」としての機能について注意を促している。

ウェーバーが社会移動に関心をもっていたことは、ドイツ東部の農業労働者の上昇移動機会に関する初期の研究をみれば明らかである。ここで彼は、純粋に「経済的な理由」よりも、独立への欲求の方が重要だと結論している（Bendix［1960：46］）。ここで強調されている非経済的な動因の役割と、ドイツにおけるカトリックとプロテスタントの社会移動の違いが、彼のプロテスタントの倫理と資本主義の精神の関係についての有名な命題の出発点であった。そしていま一度、ウェーバーは次のように記すのである――「このような違いの説明は、彼らの宗教的信念の恒常的特性に求められるべきであり、一時的・外的な歴史・政治的状況にのみ求められるべきではない」(Weber [1976：40])。

ウェーバーが社会移動に関心をもっていたことは、彼の次のような言及からも確認できる。

1 相互間で「個人的に、あるいは何世代かにわたって、構成員を交換することが容易に可能で、またそれが典型的でもあるような」諸階級の数 (Weber [1964：424])。

2 「熟練および半熟練労働者が世代と世代の間で上昇するもっとも容易な道は、技術的に訓練された個人からなる階級への道である」という傾向 (Weber [1964：427])。

3 「職業構造の研究は、社会階層のシステム――ここには、さまざまな階級や、特別な訓練を必要とする各種の職業に役立つ教育の諸形態の間で、機会がどのように配分されているかが含まれる――を知るために常に重要である」という指摘（Weber［1964：251］）。

マルクスとウェーバーは、社会移動について直接かつ詳細に論じたわけではないが、それぞれの階級分析にはこの問題が広く含まれている。ゴールドソープ（Goldthorpe［1987］）は、マルクスの階級形成と階級行動の理論に社会移動がもつ重要性を指摘している。同様にウェーバーの社会階層、職業構造、文化的価値に関する分析においても、社会移動は重要なテーマだったということができよう。

ロシア生まれの米国人であるソローキンが行なった、近代における最初の社会移動研究（Sorokin［1964］）をみても、マルクスとウェーバーからの影響は明らかである。これは一九二七年に最初に出版されたもので、基本的にはマルクスの階級理論に対抗して、社会移動に対するネオ・ウェーバー主義的なアプローチを採用している。具体的にいうと、ソローキンは経済的、職業的、政治的階層化を区別し、「階層のこれら三つの形態の対応関係は、完全というにはほど遠い」（Sorokin［1964：12］）と論じた。彼はウェーバーの社会階層についての業績を引用していないが、マルクスの階級と社会変動に関する理論については言及し、これを分析の早い段階で否定している。彼は米国と英国、そしていくつかの他の社会についてのデータにもとづいて、マルクスの両極分解とプロレタリア化の命題に関する限り、「彼のすべての予測は、事実上外れた」（Sorokin［1964：45］）と主張した。しかしながら彼は、経済的な差異が拡大していくというマルクスの仮説を「誤り」だったと主張する一方で、その逆の見方、つまり「経済的平等化へ向かう顕著で持続的な傾向」（Sorokin［1964：45］）が存在するという見方をも拒否している。彼は、「経済的な階層化は強まっていないかもしれないが、同様に弱まってもいない」と主張し、結局は「趨勢のない変動説」を支持するのである（Sorokin［1964：46］）。そして彼は、「現時点の垂直的社会移動は、以前よりも大きく増加している」という仮説は「いまだ検証されたことのない、たんなる信念である」（Sorokin［1964：154-5］）として、この仮説を信じなかった。

社会移動に関する大規模調査などまだ行なわれていなかった中で、ソローキンの使った方法は、多くの小規模の研究を概観し、利用できるものは利用し、これをミネアポリスのさまざまな社会集団に関する彼自身のデータで補うというものだった。具体的な結論は非常に多いが、その中で彼は、家族的背景は依然として社会的位置を決めるひとつの要因だが、学校の社会的機能が教育制度から「試験、選抜、配分機関」へと変化するにつれて、教育がより重要になってきたと、はじめて指摘した（Sorokin［1964：188］）。

第2に、ソローキンは職業の継承性や安定性の証拠を見つけながら、次のように論じた。

今日の西欧諸国では、職業的地位の継承はすべての職業グループでみられるが、その比率は一〇〇%よりずっと少なく、最高で七〇%、最低で三%から一〇%程度である（Sorokin [1964 : 419]）。

ソローキンは父―息子間での職業の継承率の平均値は二〇%から六〇%の間だと計算し、この比率が職業によって大きく異なることを示唆した。

第3に、データの不足を考慮して慎重に、また農業人口が歴史的に減少してきていることや、米国の富豪たちの研究からは逆の証拠も認められることを強調しながら、「職業的地位の継承が減少する確かな傾向」の存在を示唆した（Sorokin [1964 : 424]）。

第4に、西欧諸国の男性の世代内および世代間移動についての多くのデータを考慮しながら、次のように結論した。「いくつかの国では、細かい点で多少事情が異なるが、基本的にはこれらの国も、米国とほぼ同じである」（Sorokin [1964 : 443]）。この重要な指摘は、米国の社会移動率はきわだって高いというゾンバルトの見解（第4章参照）と対立している。

第5に、社会移動の政治的意味に触れてソローキンは、職業の継承がもっともありふれたパターンなので、「階級闘争の闘士たちは自分たちの理論と熱意に根拠を見出すかもしれない」という（Sorokin［1964：439］）。しかし彼は同時に、階級の内部構成は「少なくとも部分的には流動的で、変更可能で、不安定」なのだから、「今日の経済的階級を『生まれつき金持ち』とか『生まれつき貧乏』というふうに表現するのは不正確だ」と指摘する（Sorokin［1964：478］）。こうして彼は、社会移動は、「革命的な党派から、将来その有能な指導者になったかもしれない人々を奪い取る」（Sorokin［1964：553-4］）ために、社会の安定性を高める可能性があるが、同時に「移動性の高い社会の個人、集団、党派」が上昇移動を求めて争うことになるので、社会秩序を弱める可能性があると判断した（Sorokin［1964：535］）。さらに彼は、恐慌の場合には、「困窮した大衆が自分の状況を受け入れず」、「闘争の合法形態に失敗した場合」（Sorokin［1964：535］）には暴力と革命へ向かうかもしれない、と論じた。この点でソローキンは、マートンの逸脱理論の中心である、正当な文化的目標を達成するための正当でない手段の行使、という分析を先取りしていた。これは彼がハーバード大学社会学部の創設者であり、マートンがここで彼に師事していたことを考えれば、驚くに値しない（Allen [1963], Coser [1977]）。

このように、社会移動に関するソローキンの広範かつ先駆的な社会学的研究は、近代社会を本質的に移動性が高く、したがって「効率的」（Sorokin [1964：532]）な社会だとみなしていたという点で、ネオ・マルクス主義的というよりはネオ・ウェーバー主義的なものだった。しかし彼は、「堕落した貴族たち」と底辺から突き上げる「世襲的プロレタリアート」の「爆発的」な結合から、革命が起こる可能性も認識していた（Sorokin [1964：439]）。

主要な数表や各節の表題（たとえば第17章＊）をみればわかるとおり、ソローキンが個人というときに指しているのは男性だということには注意しておく必要がある。女性は、結婚に伴う移動に関連して簡単に言及されているだけである（Sorokin [1964：179]）。したがってソローキンも、ヴェブレンという重要な例外は別として（Edgell [1987]）、初期の米国の社会学者は「ひとり残らず性差別主義者」（Schwendinger and Schwendinger [1971：783]）だったという総括にあてはまる。もしソローキンの研究が、男性ではなくもっぱら女性を対象としたものだったならば、そのことは間違いなく、著書のタイトルに反映されただろう。

（訳注）ソローキンはこの書の第17章の各節の表題で、「父親」「息子」という語を多用

している。

社会学における性差別主義は、近年になって批判されるようになってきたが、大きくは変わっていない（Abbott and Wallace [1990]）。実際には、女性が男性以上に目立つ唯一の社会学の専門分野は家族社会学であり、そこでは「逆差別にまで至っており、正確には妻たちの家族社会学といった方が正確だといわれてきた」（Safilious-Rothschild [1969]）。以下に明らかになるとおり、ソローキン以後の米国と英国のすべての主要な社会移動研究は一般に、研究の表題にそのことを明示することもなく、男性の社会移動のみに注目してきた（たとえば、Blau and Duncan [1967], Glass [1964]）。したがってやむをえず、男性と女性の社会移動は別々に考察することにしたい。

現代男性の社会移動

一九四五年以降の英米系社会学における、最初の社会移動に関する国際比較研究は米国で行なわれたが、これは国際比較データの二次的分析と、カリフォルニア州オークランドで行なわれた社会移動調査を結びつけたものだった（Lipset and Bendix [1959]）。米国でのロゴフの調査（Rogoff [1953]）、英国でのグラスの調査（Glass

化は高い移動率をもたらすと論じ、「西側諸国の産業社会では、社会移動の全体的パターンはほぼ同じである」と結論した（Lipset and Bendix [1959：13]）。この結論はこれ以後、リプセット＝ゼッターバーグ（LZ）命題として知られるようになった（ゼッターバーグはこの一般的命題を最初に提案した論文の共著者である。Lipset and Zetterberg [1956] を参照）。この命題は、マニュアル／ノンマニュアルの間を垂直移動した男性の絶対的比率にもとづくもので、社会移動の歴史的趨勢について慎重だったソローキンとは対照的である。しかしその他のいくつかの点、たとえば教育の選抜機能の重視や社会階層への多次元的アプローチなどにおいて、リプセットとベンディックスの移動研究はソローキンの伝統にしたがうものだった。

ソローキンの研究とリプセットとベンディックスの研究の大きな違いのひとつは、後者がマニュアル職からノンマニュアル職への移動（彼らはこれを上昇移動と定義した）にとくに注目していることである。もっとも彼らは、二つの職業の違いについていくつもの留保をつけていて、研究のはじめの部分では「もちろん、多くのホワイトカラー的地位が、収入や威信の点で熟練マニュアル職の上位部分より劣っているのは事実である」と認めている（Lipset and Bendix [1959：16]）。しかし彼らは、「もっとも給与の低いホワイトカラー的地位の大部分は女性によって担われており、男性ホワイトカラー労働者はたいてい、高レベルの監督者の地位を手に入れる」（Lipset and Bendix［1959：161］）として、この区分を強調する自分たちの主張を正当化する。すでにみたとおりこの論点はその後、階級の社会学における主要な論争点となった（第4章参照）。これに関連する問題として、リプセットとベンディックスは、社会移動の比較研究にマニュアル／ノンマニュアルの区分を用いることが、「異なる職業の相対的地位についてのコンセンサス」（Lipset and Bendix［1959：269］）が存在するという、疑わしい前提を含んでいることを認めていた。さらに彼らは、「それは熟練マニュアル職の人々が下層ホワイトカラーに移動したり、このいずれかの人々がささやかな自営業に移動したりといった、重要な変化をわかりにくくしてしまう」ということも認めていた。リプセットとベンディックスは、「男性の雇用マニュアルから雇用ノンマニュアルへの移動は上昇移動である」という自分たちの前提を、威信、収入、教育、中間階級としての自己認識と消費行動、政治的態度、の五つの根拠から擁護した。しかしながら研究の最後の部分で、彼らは「職業分類についてのこのアプローチは、理論的に適切であり、操作的にも容易である」とも漏らしている（Lipset and Bendix［1959：270］）。

男性の社会移動に関するこのよく知られた研究以後には、ミラー（Miller［1960］）とヒース（Heath［1981］）による二つの文献レビュー、「限定的な」比較可能性をもつデータにもとづく比較研究（Erikson and Goldthorpe［1992］）、米国における社会移動の調査研究（Blau and Duncan［1967］, Hauser and Featherman［1977］, Featherman and Hauser［1978］）、同じく英国についての研究（Goldthorpe［1987］）などがある。これらは男性の社会移動に焦点をあてたものだが、エリクソンとゴールドソープの研究（Erikson and Goldthorpe［1992］）では男性と女性の社会移動の国際比較研究が行なわれている。

ミラー（Miller［1960］）は英国と米国を含む一八カ国の男性の社会移動に関するデータを比較し、大衆的移動と従属諸階級からエリート的地位への移動を区別した。彼はマニュアルからノンマニュアルへの大衆的移動には、一〇％以下から三〇％以上までの幅があり、その中で英国（二五％）と米国（二九％）はいずれも上昇移動の多い国のグループに属することを発見した。エリートの社会移動に関してミラーは、一九四〇年と古い上に移民を対象としていてデータが異質なソビエト連邦を除くと、エリートへの移動は米国が二八％とすべての国々の中でもっとも高いことを発見した。男性の社会移動に関するミラーの国際比較分析は、エリートの移動率が米国で異様に高いという点でLZ命題に反しており、ゾンバルトの米国例外仮説を支持するものである。マニュアルからノンマニュアルへの移動に関するミラーの分析は、産業社会では男性の社会移動は基本的に類似しているとするLZ命題を支持していないが、この指標について米国はとくに高い移動率を示していない。このようにミラーは、ゾンバルトの米国例外理論をより一般化して確証することには失敗した。いいかえるとミラーは、大衆的移動とエリート的移動を区別することによって、米国は前者については例外的ではないが、後者については例外的であるということ、二つのタイプの移動は国によって様相が異なるという事実を示すことができたのである。

ブラウとダンカンの研究は一九六二年に開始されたもので、二万人を超える男性サンプルを含んでいる。この研究は主要には米国の社会移動に関するものだが、各国の移動率についての検討も行なわれている。ブラウとダンカンは、マルクスの経済的階級や、ウェーバーの階級的位置と特権的地位の区別に関する議論にも言及しているものの、現代社会における社会移動の問題を、職業構造とその内部での地位達成を中心とする米国の機能主義理論にもとづいて再定式化している。彼らは、「現代社会の社会階層についての理解を進める最良の方法は、職業的地位と移動を体系的に研究することである」(Blau and Duncan [1967 : 5]) という前提から出発する。そして彼らは、マルクスの階級概念は、「今日の巨大な事業を管理する経営者たちは、自らも会社の被雇用者なのだから、大企業を管理する位置にある人々と、彼らによって管理される人々とを区別するためには不適切である」(Blau and Duncan [1967 : 6]) ――彼らはこの点について具体的な証拠をあげる必要があるとは考えていない――と主張して、自分たちのアプローチを正当化している。

ブラウとダンカンは、階級を「人々が経済において占める役割と、経済的な事業に対する彼らの経営的影響力」と定義したが、この定義は彼らが「職業的地位は階級概念のすべての側面を含み込むわけではないが、おそらくその唯一最良の指標である」(Blau and Duncan [1967 : 6]) と主張することを可能にした。さらに彼らは、こうした階級の職業的な側面を強調するところから進んで、職業的地位は概念的にみて、特権的地位よりも経済的階級に近いと主張する。この観点からブラウとダンカンは、職業構造は「社会階層の主要次元の基礎」だと断言するのである (Blau and Duncan [1967 : 6])。

ブラウとダンカンの研究の目標は、個人の職業達成に影響する要因を特定することだった。属性と業績の「相対的重要性」に関して、彼らは次のようにいう。「われわれは自由な民主社会においては、より基本的な原理は業績原理であると考える。この社会の若干の属性主義的性質は過去の遺物であり、できるだけ早く根絶されるべきものとみなすことができる」（Blau and Duncan [1967：163]）。このように彼らの研究は、現代社会の階級分析では財産の所有はもはや重要でなく、またこうした社会では業績原理が優越するという、相互に関連する、また同じくらいに疑わしい二つの前提にもとづくものだったのである。

厳密にいえばブラウとダンカンの研究は、マルクス主義的な意味でも、ウェーバー主義的な意味でも、階級移動に関する研究ではない（ネオ・マルクス主義からの批判としてはCrowder [1974]、ネオ・ウェーバー主義からの批判としてはGoldthorpe [1987] を参照）。それは、機能主義的な理論枠組を背景として、職業的地位の達成を扱ったものなのである（社会階層に対するこの米国特有のアプローチに対する批判としては、Huaco [1966] を参照）。しかし、彼らは近代社会では移動率がほぼ同じになるというLZ命題を疑問視し、歴史的趨勢について論じているので、現代男性の社会移動に関する論争に対する彼らの貢献については検討しておく必要がある。

ブラウとダンカンは、LZ命題に対する四つの批判を列挙している。

1　LZのデータは信頼性に欠ける。

2　米国では産業化と教育が進んだ状態にある。
3　ヨーロッパや日本に比べて、米国では社会的地位の区別が小さい。
4　ブルーカラー／ホワイトカラーの間の移動に加えて、エリート的地位への移動も考慮する必要がある。

これらをふまえながら、ブラウとダンカンは次のように示唆する。「米国では社会移動の機会が大きい、という広く行きわたっている印象は、即座に否定されるべきものではない」（Blau and Duncan [1967：432]）。米国で自分たちが行なった調査と、ミラー（Miller [1960]）のものを含む国際比較データにもとづいて彼らは、ブルーカラーとホワイトカラーの間の移動率には国による違いがほとんどないことを確認した。しかし、より重要なことに彼らは、ミラーと同じように、米国のエリートの移動性は例外的に高いと主張し、さらにこの傾向は「米国の大衆教育の水準が高いことによるものであり、またおそらく、社会的地位の公式の区別があまり強調されないことによって強められている」（Blau and Duncan [1967：435]）のだと推測している。さらに彼らは、米国の大部分の男性は高い職業的地位を達成しないが、生活水準の向上は経験しており、ここから「見せびらかしのための消費」（Blau and Duncan [1967：338]。この用語についての検討は、Edgell and Tilman［1991］を参照）を通じて社会的地位を向上させているという。最後に彼らは、次のように記している。

米国の民主主義の安定性は、疑いもなく、この国における上昇移動の豊富な機会、高い生活水準、そして社会階層による地位の違いが小さいことと関係している。こうした条件の下では、多数の非特権的な男たちが、抑圧を経験し、すべての望みを失い、既存の報酬格差のシステムと政治制度に不満をもち、暴力的反乱を伴う政治運動に参加するようなことは起こりそうにない（Blau and Duncan［1967：439］）。

そのきわめて洗練された革新的な分析手法、とりわけ理論的に裏づけられたパス解析の使用を別とすれば（彼らの研究のこの側面に対する評価については、Featherman［1981］を参照）、ブラウとダンカンの研究はソローキンの移動研究の伝統の中に位置づけることができる。これら二つはいずれも、男性の世代間および世代内職業移動に注目したものであり、また職業達成に対する属性と業績の相対的重要性を問題にしている。しかしブラウとダンカンは、ソローキン、リプセットとベンディックス以上に普遍主義への趨勢に信頼を寄せており、反面、ゾンバルトの米国例外論との関係では、これらの先行研究とたもとを分かっている。つまりブラウとダンカンは、同じくマニュアルからノンマニュアルへの移動パターンの国際比較にもとづいてLZ命題を追認したが、米国のエリートのきわめて高い社会移動率にもとづいてゾンバルトの命題をも追認したのである。このようにブラウとダンカンの社会移動研究は、広範な上昇移動の存在と見せびらかしのための消費の役割を強調するという点で、ゾンバルトの社会的安定に関する「ローストビーフとアップルパイ」理論の現代版ということができる。

ブラウとダンカンが行なった米国男性の社会移動に関する調査は再分析され（Hauser and Featherman [1977]）、さらに異例なことに三万三〇〇〇人というより多くのサンプルを使って再調査された（Featherman and Hauser [1978]）。ブラウとダンカンの一九六二年のデータを再分析する中で、フェザーマンとハウザー、そしてジョーンズは、LZ命題に対するミラーの評価が正しいことを確認した。さらに彼らは、米国とオーストラリアの男性の社会移動についての比較研究において、「事実移動」あるいは絶対移動と「循環移動」あるいは相対移動の区別にもとづいてLZ命題を再定式化し（Hauser and Featherman [1977 : 15]）、「それぞれの産業社会は同程度の事実移動率を示すとは限らない」が、「構造移動（つまり、父親と息子の職業機会の構造の違い）を考慮すると、循環移動は時期にかかわらずほぼ不変だった」（Hauser and Featherman [1977]）と主張した。相対移動率が不変だというこの命題は、その後ＦＪＨ命題（仮説）として知られるようになった。

（訳注）日本では純粋移動と呼ばれることも多い。

フェザーマンとハウザーは、ブラウとダンカンの研究を再試する中で、一九六二年から一九七三年にかけて、世代間職業移動率はほとんど変化しなかったが、世代内移動率は上昇したことを発見した（Featherman and Hauser [1978]）。彼らはさらに、職業ヒエラルキーの上下両極では移動が非常に少なく、中間では相当の移動があるということを発見した。そして彼らは、「世代内でも世代間でも、職業移動の機会は、ここで取り上げた時代を通じて、驚くほど一定であった」（Featherman and Hauser [1978：216]）とした。

このように詳細な追試を通じて、フェザーマンとハウザーは不変性の証拠とともに変化の証拠をも見出したが、このように様相が複合的なので、彼らはなかなか包括的な言明をしようとしない。彼らは、労働市場に関する長い限定をつけた上ではじめて、「属性的地位が減少し、普遍主義的な地位の配分が増加するという、二つの相補的な傾向が認められた」と主張するのである。こうしてフェザーマンとハウザーの追試研究は、米国では社会移動率が高く、普遍主義へ向かう「基本的趨勢」が存在するというブラウとダンカンの知見を再確認したが、最後には注意深く「われわれの国民的イデオロギーにもかかわらず、米国の社会移動が将来どのようになるかが不可避的に決まっているわけではない」(Featherman and Hauser [1978 : 495]) と締めくくられたのである。

ヒース (Heath [1981]) は、この男性の社会移動の国による違いという問題、そしてここに暗に含まれる米国の例外性という問題を、一九六三年から一九七四年の間に一九の産業社会で行なわれた調査を参考にしながら再検討した。ヒースは、大衆とエリートの移動率、絶対移動率と相対移動率のいずれの観点からみても、国によってかなりの偏差があること、そして米国はどの移動率も高いが、例外的というほどではないことを確認した。ヒースの分析は、この説で検討した社会移動に関するすべての理論、つまりゾンバルトの米国例外論、移動率はどの国でもほぼ同じだというLZ命題(米国のエリートの移動の特殊性を考慮したミラー、ブラウとダンカンの修正版を含む)、相対移動は一定だとするFJH命題のすべてと対立する。しかしヒースは、趨勢なき変動というソローキンの説をたんに繰り返しているわけではない。そうではなく彼は、こうした国による違いは、「新しい」「古い」、あるいは社会主義的、保守主義的といった、異なるタイプの社会の経済的・政治的発展のあり方と関連しているのではないかというのである。

ゴールドソープが一九七二年に英国で行なった男性の社会移動に関する大規模調査、そして一九八三年の再調査は、社会移動を「それが階級形成と階級行動に対してもつ意味という観点」(Goldthorpe [1987 : 28]) から問題にしようとするもので、このため社会の把握において、地位モデルではなく階級モデルを採用した。この点から彼は、自分の研究は、ゾンバルトの研究が前例を示しているように、ブラウとダンカンの研究よりもマルクスをめぐる古くからの論争と多くを共有するものだと述べている。ゴールドソープは上昇移動と下降移動という用語を、階級Ⅰと階級Ⅱ、つまり彼が「サービス階級」もしくは「サービス階級候補者」(Goldthorpe [1987 : 41, 43]) と呼ぶ階級からの出入りを指す場合にのみ用いている。彼の目的は、階級移動に関する次の三つの命題を検討することである。

階級構造の頂点部分には著しい「閉鎖性」が存在するという命題、マニュアル職とノンマニュアル職を横切るような移動を制限する「緩衝帯」についての命題、世代間移動が増加しても世代内移動の減少によって「相殺」されるという命題 (Goldthorpe [1987 : 40])。

ゴールドソープの絶対移動に関するデータの分析は、この三つの命題すべてを、条件つきながら否定する結果となった。第1に閉鎖性仮説は、階級Iが「きわめて広い範囲をリクルートの基盤としていて、均質性が低い」ことから棄却された。ただし階級構造の反対側の極には、「社会的出自の上ではるかに高い均質性」(Goldthorpe [1987 : 44]) が見出されている。第2に移動距離の大きい上昇移動・下降移動、移動距離の小さい移動が、マニュアルとノンマニュアルの境界を横切って生じている証拠があり、これは緩衝帯仮説に反している。彼は同時に、「移動の機会には顕著な不平等があり、労働者階級出身の男性は不利である」(Goldthorpe [1987 : 50]) とも述べている。そして第3の命題について、彼は次のように述べている。

われわれの知見はおそらく、移動の機会はますます教育達成に依存するようになっているという主張を支持しているとみることができるが、同時にそれはこの一〇年間に、階級構造の頂点部分への直接参入が増加したにもかかわらず、間接的な経路を通じて到達する機会は明らかな減少を示していないという点で、相殺仮説に反している（Goldthorpe [1987 : 58]）。

しかしゴールドソープはここから進んで、英国の男性の社会移動に関する限り、「閉鎖性仮説、緩衝帯仮説、相殺仮説は、絶対移動率に関するものではなく、相対移動率（あるいは社会的流動性）に関するものとして再定式化すれば、いずれもずっと推奨できるものになる」（Goldthorpe [1987 : 121]）という。社会的流動性とは「出身階級の異なる諸個人が、さまざまな階級状況に到達する機会が平等になっている」（Goldthorpe [1987 : 305]）という意味で、社会が開かれている程度を示すものである。彼によれば、階級形成について検討する場合には絶対移動のデータを使うのがベストだが、開放性について検討する場合には相対移動のデータを使うのがベストである。そして彼は、絶対移動率は上昇してきたが、相対移動率は上昇していないことを見出した。このように、上昇移動の機会は増えたものの、出身階級の異なる人々の相対的な移動のチャンスには変化がなかったのである。

ゴールドソープは一一年後に再調査を行ない、相対移動率にはまったく変化がないが、絶対移動率はわずかに増加していることを見出した。また彼は、「大量失業の再来は、下降移動としかみなしようのないものの深刻な危険を作り出した。この危険は、労働者階級に所属する男性でとくに大きい」（Goldthorpe ［1987：269］）ことを見出した。

ゴールドソープはさらに、現代英国の男性の社会移動を、国際比較の仮説とデータに照らし合わせて検討した。彼は、リプセットとゼッターバーグが提案した社会移動の比較についての最初の仮説（LZ命題）は、FJH仮説によって乗り越えられたとする。彼はFJH仮説の「厳密な」解釈と「あまり厳密でない」解釈を区別し、「社会的流動性（あるいは相対移動）のパターンが各国間で完全に一致する」というよりも、一定の幅で一致すると考える点で、後者の方が支持できるという（Goldthorpe ［1987：303］）。そして彼は、イングランド、ウェールズ、米国を含む九カ国のデータの比較にもとづき、「相対移動は同じ、絶対移動は異なる」というFJH仮説を確認し、「絶対移動率の国による違いの大部分は、構造的な違いの結果である」（Goldthorpe ［1987：322］）と結論した。

ゴールドソープは自らの研究、そして他の社会移動研究者との共同研究で、収斂理論と米国例外論を念頭におきながら、男性の社会移動の国際間の差異について検討を続けてきた（Erikson, Goldthorpe and Portocarero ［1979, 1982, 1983］, Erikson and Goldthorpe ［1985］, Goldthorpe ［1987］）。これらの研究は、この二つの見方を支持する証拠をほとんど示していない。前者の理論については、サービス階級の拡大に付随して起こる変化のような収斂への傾向は、社会によって異なることが見出された（Goldthorpe [1987]）。絶対移動率の国による違いは、「趨勢なき変動というソローキンの命題を支持しているものとみることもできる」（Erikson, Goldthorpe and Portocarero [1983 : 340]）という意味深長な示唆もされている。米国で例外的に高いとされる上昇移動率について、エリクソンとゴールドソープは、米国のデータ（ブラウとダンカンの研究を追試するためにフェザーマンとハウザーが使った一九七三年のデータ）と比較できるように複雑に再コードされた英国のデータにもとづいて検討している。問題の複雑さを考慮して、絶対移動率と相対移動率、マニュアルとノンマニュアルの間の社会移動とエリートの社会移動を区別して分析したにもかかわらず、彼らは「米国の社会移動率は例外的に高いとはいえない」（Erikson and Goldthorpe [1985 : 20]）ことを見出した。こうしてエリクソンとゴールドソープの知見によれば、米国の例外性についてのゾンバルトの命題も、また絶対移動はどの国でも基本的に同じだというLZ命題も、確認することができないのである。

ゴールドソープは男性の社会移動に関する知見が階級に対してもつ意味について、英国の階級システムの開放性の程度と、サービス階級と労働者階級を中心とする階級形成の問題に絞って論じている。第1の問題について彼は、戦後英国の相対移動に関するデータにもとづきながら、「事実上、階級間の不平等の明らかな縮小はなかった」(Goldthorpe［1987：328］)と主張した。経済成長と、社会的不平等の縮小を目指した平等主義的改革という政治戦略にもかかわらず、である。彼は、「この戦略は、変化させようとする試みに対する階級構造の抵抗を、完全に見誤っていた」(Goldthorpe［1987：328］)と結論している。(この点は、第4章で論じたヴァンネマンとキャノン(Vanneman and Cannon［1987］)の、米国では現状を維持しようとする支配的な資本家階級の能力が、これを変えようとする従属階級の能力を上回っていたという主張を思い起こさせる)。そして彼は、経済成長と絶対移動の増加は、「他方で、相対移動の機会がいくらかでも変化したのかという問題から、関心をそらせる効果があった」(Goldthorpe［1987：328-9］)と付け加えている。

階級形成の問題についてゴールドソープは、絶対移動率の趨勢は、サービス階級の「人口構成上の同一性の程度が低い」のに対して、労働者階級は「メンバーの社会的出自からみる限り……より均質的である」(Goldthorpe［1987：332, 336］)ことを示していると論じている。しかし彼は同時に、英国の一九八〇年代不況の間に、「労働者階級の移動機会の両極化」によって、労働者階級内部にアンダークラスが出現した可能性がある、と注意を促している（Goldthorpe［1987：337］）。さらに彼は、サービス階級への上昇移動が広く生じていることは、「不満や変化のきっかけよりは、統合と安定に有利に働く」傾向があると判断する。なぜなら、上昇移動した人々は一般に、自分たちが成功したこの社会秩序を肯定するからである（Goldthorpe［1987：340］）。ただし彼は、サービス階級の部門間の分裂が政治的な対立を生み出す源泉となりうるとして、この結論に留保をつける。いくつかの英国での研究は、こうした可能性についてのゴールドソープの予測が正しかったことを裏づけているが（Dunleavy and Husbands［1985］, Edgell and Duke［1991］）、他方では部門間の分裂というこの説と対立する証拠も存在する（Marshall *et al.*［1988］）。

もし上昇移動が社会を安定させるのなら、その不足は社会を不安定化させるのだろうか。ゴールドソープは、下降移動を経験した少数の男性たちの間にも、またずっと労働者階級にとどまっている人々の間にも、「憤りはほとんどみられない」ことを見出している（Goldthorpe［1987：342］）。彼はその理由として、相対移動率の趨勢は「社会的な可視性が低い」こと、これに対して「上昇移動が現実に起こっている程度」というのは「社会的な可視性が高い」ことをあげている（Goldthorpe［1987：342］）。このように移動しない人々は、上昇移動した人々について見聞きしやすい上に、経済発展の結果として暮らし向きもよくなりやすいが、マクロな社会的趨勢についてはよく知らないのである。

社会移動に対するゴールドソープのアプローチに対しては、大別して二つの批判がある。それは第1に男性の移動に関心を集中していることについて、第2に絶対移動と相対移動の区別の仕方についてである。ゴールドソープはこの両方に対して反論しているが、これらについては次の二つの節で検討することにしよう。

現代女性の社会移動

ソローキンの研究は「社会移動に関するはじめての総合的研究成果」(Erikson and Goldthorpe [1985：2]) として知られているが、しかし男性の社会移動しか扱っていない以上、この判断は疑問である。それは、男性の社会移動に関するはじめての総合的研究だったのである。近年まで社会移動に関する諸研究は、まるでソローキンから指図を受けてきたかのようだった。グラス (Glass [1954])、リプセットとベンディックス (Lipset and Bendix [1959])、ブラウとダンカン (Blau and Duncan [1967])、フェザーマンとハウザー (Featherman and Hauser [1978])、ゴールドソープ (Goldthorpe

[1987]）はすべて、男性の社会移動ばかりを扱ってきた。

グラスは一九四九年に、女性の社会移動についての若干のデータを集めたが、それは一〇年後にやっと分析された（Kelsall and Mitchell [1959]）。リプセットとベンディックスのオークランド調査は、「世帯主」の資格をもつ女性を少数含んでいたが、彼らの集計表からは女性の回答者が省かれていた。彼らはこのように女性を除外したことを、「父親と娘の職業的地位を意味のあるやり方で比較するのは、父親と息子を比較する場合に比べて、はるかに困難である」という実際的な理由によって正当化している（Lipset and Bendix [1959：151]）。ブラウとダンカンは、男性回答者の妻と母親についてのデータをいくらか集めた上で、「予備的な目的のための単純化としては正当」だとして研究を男性に限定したが、「男性に向けられた入職口の中で、さまざまな技能水準の仕事につく準備があり、また訓練された女性に無関係なものはほとんどない」（Blau and Duncan [1967：113]、同様に Featherman and Hauser [1978：493] も参照）ことを認めている。ゴールドソープは、著書の初版では経済的な理由から使っていなかった女性についての資料を、第二版では使用している（Goldthorpe [1980, 1987]）。現代女性の社会移動のパターンについて検討する前に、社会の半分を占める女性が、なぜ近年までの社会移動研究では約一％を占めるにすぎなかったのか

(Glenn *et al.* [1974])、考えうる理由を検討しておくのが有益だろう。

一九二〇年代、社会そして社会学には、性差別主義が満ちあふれていた。女性は家族、そして家族社会学というゲットーに閉じ込められていた。それゆえソローキンは、女性の社会移動の検討を無視しても許されたのであろう。しかし二〇世紀を通じての女性の進出により、こうした言い訳はしだいに通用しなくなってきた。女性差別的な階級分析に対する最初の批判は、米国社会学、とくに社会階層の機能理論に向けられた(Watson and Barth [1964])。そこでは、「階層理論の大部分は、職業をもちフルタイムで働く夫のいる家父長制家族モデルを基礎としているが、これは現代社会の適切なモデルではない」と論じられていた(Watson and Barth [1964 : 13])。アッカー(Acker [1973])は、性差別的な階層研究に対するワトソンとバースの批判を引用するとともに、女性の低い地位という問題は一九五〇年代はじめに米国の社会学の学術雑誌で(Hacker [1951])、さらにそれ以前の米国社会についての著名な本(Myrdal [1944])の補遺でも論じられていたことを指摘した。したがって二〇世紀の後半においては、研究対象が階級構造全体である以上、女性を無視する口実はありえなかったように思われる。

ゴールドソープは、最初の全国調査研究で対象を男性に絞ったことを「便宜上」の

「利点」から弁護してきた（Dex［1987：24］）。つまり、最初は節約というプラグマティックな理由から、後には女性を除外するのは社会移動の理解を妨げるといわれるが、本当にそうなのかという懐疑から、正当化したのである。女性と社会移動研究をめぐる論争は、すでに論じたように（第3章参照）、「階級理論に女性を組み込む」（Dale *et al.*［1985：384］）という課題の一部である。後にゴールドソープは、遅ればせながら英国の社会移動についての記述に女性を含めたが、そこでも彼は大筋において、女性を除外しても階級構造を歪めて描くことにはならないという自らの推測を支持した。ゴールドソープは、まったく異なる三つの階級分析の単位を用いて女性の階級移動を検討し、男性と女性の絶対移動率に違いが認められるのは、伝統的アプローチや優越性アプローチではなく、個人アプローチを採用したときだけであること、そしてこのとき女性の下降移動が大きくあらわれることを発見した。したがってこの点に関しては、「英国の階級構造内部での移動についてのわれわれの理解は、男性の経験のみに目を向ける研究によって、おおいにそこなわれた」（Goldthorpe［1987：295］，Goldthorpe and Payne［1986：549］）と論じることもできる。

マーシャルら（Marshall *et al.*［1988］）は、女性と階級をめぐる論争についての要約と批判、評価を行なっている。彼らは、この論争は、階級分析の「範囲」と「単位」

という二つの関連する問題を含んでいると指摘する。そして彼らは、絶対移動に関して、男性は女性より上昇移動を経験することが多く、とくにサービス階級への上昇移動が多いこと、そしてこのことは女性がより重い家事責任を背負っていることと無関係ではないことを見出した。こうして彼らは、階級分析の範囲に関する限り、男性と女性の移動経験は異なっている上に相互依存しており、女性は階級分析から除外されてはならないと結論した。男性の社会移動にばかり注目することは、「階級構造の誤った『見取り図』をもたらす」のである（Marshall *et al.* [1988 : 112]）。分析の単位の問題について彼らは、この問題は各人の研究目的に依存するところが大きいと論じ、ゴールドソープが家族を単位としたことについては、「彼の階級分析の構想と整合している」（Marshall *et al.* [1988 : 85]）とする。しかし彼らは、ゴールドソープの視点は狭すぎて、階級構造がジェンダー化されていることを認識できていないと批判し、「社会階級は家族から構成されるのでも個人から構成されるのでもなく、家族に属する個人によって構成されている」（Marshall *et al.* [1988 : 85]）と結論する。つまり、労働市場には性別による分断が広く行きわたっており、このことが男性と女性の階級構成の大きな違い、さらにはその絶対移動率の違いに反映されているのだから、男性と女性はそれぞれ自分自身の職業にもとづいて、各階級に位置づけられるべきなのである。

ペインとアボット（Payne and Abbott [1990]）は、この見解を支持している。二人は、男性は女性より上昇移動しやすいのに対して、女性は男性より下降移動しやすいことを見出した。そしてさらに、階級理論を十分に発展させるためには、「男性と女性を調査研究に含める必要がある」（Payne and Abbott [1990 : 174]）と結論した。また同じ本の中でアボットは、ゴールドソープが男性のみにもとづいて閉鎖性仮説、緩衝帯仮説、相殺仮説について行なった検討を、女性についてのデータで再検討した結果を示している。ここで彼女は、階級構造の頂点部分は、男性に対してよりも女性に対して閉じられていること、女性の場合にはマニュアル職とノンマニュアル職の境界で緩衝帯が作用していること、そして労働市場に参入した後に、女性は男性より上昇移動を経験しにくいことを見出した。このようにゴールドソープとは対照的に、アボットの女性に関するデータはこれら三つの仮説を支持した。ここからアボットは、「男性の職業移動に関する分析だけでは、現代の英国社会は不十分にしか描けない」（Abbott [1990 : 44]）と結論した。

ゴールドソープは最近になって、男性の社会移動の研究は「ミスリーディング」だということの主張を、国際比較データを用いて検討している（Erikson and Goldthorpe

[1992 : 265])。「全体を代表する」移動表をもとに、家族の階級所属の決定に優越法を用いた結果、女性の階級移動経験は男性とほとんど変わらないことが明らかにされた。したがって、彼の以前の結論は修正しなくてよいということになる。階級分析の単位を個人とする方法を用いた場合は、「女性の絶対移動率（相対移動率ではなく）は、……男性とはかなり違う」（Erikson and Goldthorpe［1992：275］）。しかしこのアプローチは、彼が最初に家族単位の分析を擁護したのとほぼ同じ理由から、「正しくない」とみなされるのである。

要約と結論

社会移動の社会学的研究は、英米系の社会科学的知の累積的性格の優れた実例を示すものである（Featherman［1981］）。二〇世紀はじめにゾンバルトとソローキンの業績から始まった概念と理論は、新しい知見と照らし合わせながらしだいに発展を続け、その過程でデータ分析の技術も変革されてきた。たとえばLZ命題はFJH命題によって乗り越えられたし、単純なパーセンテージはオッズ比に置き換えられてきた（社会移動研究で用いられる統計用語への入門的解説としては、Heath［1981］の補遺Ⅱを参照）。

こうした概念的、理論的、方法的革新の副産物のひとつは、手際よく単純な一般化を許さない、複雑さの増大である。また、社会移動は高度に技術的な数量化を奨励する研究テーマとなり、こうした数量化の結果、初期の完成度の低い諸研究の知見が検証されるようになってきた。

このことは、社会移動の国際比較に関するもっとも最近の総合的な調査研究報告である、エリクソンとゴールドソープ（Erikson and Goldthorpe［1992］）をみれば、即座に理解できる。この研究は社会移動の率とパターンの、時系列比較、地域間比較をテーマとしたもので、米国、イングランド、ウェールズ、スコットランド、北アイルランドを含む一二もの国・地域のデータを含んでいる。この研究の主要な成果は、従来の研究結果、つまり絶対移動のパターンには一定の傾向がないこと、相対移動パターンは安定していること、米国例外論を支持するような証拠はわずかしか存在しないことなどを、確証したことだった。いいかえれば、半世紀以上にもわたる理論的・方法的発展を経て、いまや多くの良質な根拠からソローキンとFJH仮説は支持され、ゾンバルトは部分的に否定されることになったのである。

社会移動をめぐる論争の多くの中心に位置するのが、絶対移動と相対移動の区別である。ここで、ゴールドソープが、前者つまり現実に観察される移動は、階級形成の分析に適しており、後者つまり異なる社会的背景をもつ人々が上昇移動を達成する相対的な機会は、開放性の問題に関係していると論じていたことを思い出していただきたい。ペイン(Payne [1990])とソーンダース(Saunders [1990])は、ゴールドソープは絶対移動率の増加よりも相対移動率が不変であることを強調する結果、英国は依然として開かれた社会にはほど遠いという誤った印象を与えていると指摘している。ゴールドソープはこの批判に対して、絶対移動と相対移動の区別を強調し、「今世紀の間に英国は、構造的な変化の結果、いくぶん移動しやすい社会にはなったが、より流動的で開かれた社会になったわけではない」(Goldthorpe [1990 : 422])と繰り返している。このようにゴールドソープによれば、重要なのは一般的印象ではなく、移動率の異なる種類の重要な区別をしっかりつけること、そして単純な結論を退けることなのである。

最後に付け加えよう。一九九〇年代の不況、大量倒産、大量失業、そして「非正規(賃)労働」と呼ばれる人々――たとえば、パートタイムや一時的契約労働(Fevre [1991 : 56])――の増加により、おそらく将来の社会移動研究者たちは、近代的な社会では二〇世紀を通じて下降移動より上昇移動の方が多かったという一般的結論に、疑念を抱かせるような発見をすることになるだろう。

第6章　階級・不平等・政治

はじめに

マルクスとウェーバーの古典的な社会学理論では、不平等と政治を構造化する機軸としての役割をもつということから、階級が中心的なテーマとして扱われていた。マルクスにとって、富と収入の創出と配分は生産システムの表現であり、それは資本主義の場合には賃金を受け取る労働者と、利潤を受け取る所有者によって特徴づけられるものだった。さらにマルクスは、「本来の意味での政治権力は、他の階級を抑圧するための一階級の組織された権力である」(『共産党宣言』=『全集』第4巻495頁)と主張した。ウェーバーもやはり、階級は経済権力の配分の基礎だと論じたが、政治的な水準においては「党派は『階級状況』または『身分状況』によって決定された利害を代表することがあり、そのためにこのいずれかから信奉者をリクルートすることがある」（Weber［1961：194］）と示唆する点で、マルクスと異なっていた。そして現代の用語法では、富の配分や政治的態度と政治的行動、さらにその他、健康と病気、財やサービスの消費、教育達成などのパターンなどについて知ろうと思えば、階級分析が必須である。

本章では、階級という概念の社会学的な重要性を二つの方向から示すことにしたい。それは、第1にウェスターガードとレスラー（Westergaard and Resler［1975：2］）が、「階級のハードコア」と呼んだ経済的不平等の観点から、第2に階級と投票行動の観点からである。

階級と経済的不平等――測定上の問題

階級と経済的不平等の関係についての社会学的分析は、いくつかの困難を抱えている。その大部分は、階級を操作化する際に研究者が直面する三つの選択、つまり概念図式、分析の単位、対象とする範囲という問題に関連させて理解することができる

（第3章も参照）。

概念図式

マルクスとウェーバーはいずれも、所有と非所有を「すべての階級状況の基本カテゴリー」（Weber [1961：182]）とみなし、これが彼らの階級図式の基本部分を構成している。しかし、経済的不平等に関するデータが彼らの階級カテゴリーと合致しているなどということはほとんどありえないことで、実際には富の配分（おおまかにいえば、資本所有に相当する）または収入の配分（おおまかにいえば、労働力の販売に相当する）だけを扱っている。このため経済的な不平等に関するデータを提示する場合には、伝統的に次の二つの方法がとられてきた。それは第1に、成人人口のある比率を占める人々が富（場合によっては収入）の何％を占めているかを、成人人口の比率ごとに示していく方法、第2に、それぞれの職業グループの所得額（しばしば不労所得を含む）を示す方法である。最終的には、社会の「頂点」部分に富がどれほど集中しているかをデータで示すことができる。社会でもっとも豊かなこれらの人々は当然、労働力の売り手ではなく資本の所有者だと考えることができよう。データはまた、職業階級による収入の不平等のパターンを知るためにも使えるが、一般にはデータは、例の非理論的で経験的にも問題のある、マニュアル／ノンマニュアルというカテゴリーで分けられている。欠けているのは、社会階級別、職業階級別にみた、富と収入の配分に関する総合的なデータである。

分析の単位

経済的不平等を測定する目的の場合、家族が階級分析の単位とされることが多かった。このアプローチは、家族全員が全収入を均等に分かち合っていると前提しているが、そうでない場合には、家族を単位とするアプローチは階級的不平等の測定法として不正確であり、個人を階級分析の単位とした方がいいということになる。英国での調査では、家計収入に占める妻の分け前は、妻が労働市場に参加している場合に大きくなる傾向があること（Piachaud［1982］）、またパートナー同士がともに家計収入を使えるように、収入をプールしておくやり方は、高齢カップルよりも若いカップルに多くみられること（Pahl［1989］）が明らかにされている。このことは、家族単位の分析は家族内での財政的な不平等の程度を隠すことになるかもしれないが、すべての家族成員は多かれ少なかれ世帯の全収入を利用できるのであり、経済的不平等のパターンを研究する場合には、おそらく家族が階級分析の適切な単位だということを示唆する。もっともいい方法が、個人ベースと家族／家計ベースのデータをともに集めて提示することであるのは間違いない。このように、多くは研究の目的に、そして回答者の知識と協力的態度のような実際的な事情に依存するのである。

対象とする範囲

伝統的には、階級分析は経済的に活動的な人々のみを対象としてきた。しかしこのアプローチは一般に、例外的に豊かな「有閑階級」（Veblen［1970］）と、例外的に貧しいアンダークラス（Heisler［1991］）を排除することになる。階級不平等の研究の場合には、これは二つの重大な欠落となってしまう。したがって階級的不平等の全体を描くためには、すべての成人が含まれる必要がある。

階級間の富と収入の配分を研究する場合、対象とする範囲には、測定のタイムスケールというもうひとつの次元がある。基本的な選択肢は、一週間、一カ月、一年などの期間で測定される現在の所得と、生涯所得である（Atkinson［1974］）。人々は一般に、そのライフサイクルを通じて収入の変化を経験するから、この二つの測定方法は非常に異なる結果をもたらす（Atkinson［1983］）。これは部分的には、たとえば上昇移動や下降移動のために、人々の階級状況が時点によって変化しうるということの別の表現である。しかしそれだけではなく、たとえばマニュアル労働者の場合には超過勤務や操業短縮、専門職の場合には昇給や昇進などの結果として、ひとつの階級状況の内部でも収入の変動があるという問題である。貧乏な学生を富豪に変えてしまう、富の相続という可能性もある。したがってタイムスケールを長くとれば、経済的不平等のパターンをより完全に描くことができる。

経済的不平等の研究につきまとう、もうひとつのさらに深刻な問題がある。それは、階級がどのように操作化された場合にも共通の、データの精度に関わる問題である。公式統計の信頼性の低さについては一般的にも（Hindess [1973], Irvine *et al.* [1979]）、また富と収入の配分に関しても（Atkinson [1983], Hird and Irvine [1979], Johnson [1973], Kolko [1962], Levy [1987], Titmuss [1962]）、広く知られている。たとえば、国家の会計担当者は、納税の義務のある者がすべて納税することと、国家の給付に値する者だけがそれを受け取ることに関心をもっている。その結果、収入や富に関する調査は、払う税金を少なくし、そして／あるいは給付は多めに受け取るため、人々は所得や富を少なめにいっておいた方が得をするという問題に直面することになる。もちろん、この問題がどの程度深刻なのかを正確に知る方法はない。しかしここで確信をもっていえるのは、富者に対する調査よりも、貧者に対する調査の方がはるかに頻繁に行なわれているということ、そして富者は、詮索好きな国家の会計担当者から自分を守る方法を、貧者以上にもっているということである。いわゆる「福祉ただ乗り」の総額は、おそらく合法非合法を含む脱税の総額よりもはるかに小さい。だからミリバンドは、「国家の税金と給付は、（不平等な）階級闘争の本質的な部分である」(Miliband [1989 : 139]) と主張したのである。したがって階級と経済的不平等に関するデータは、最大限の注意を払って解釈しなければならない。

最後になったが、ここまで富および収入という用語は通常のやり方、つまり土地、建物、債権、株式などの資本の所有と、稼得所得と不労所得、つまり賃金と利子を含めた意味で使ってきており、以後もそのように使うことにする。

階級と経済的不平等――データ

以上のように多くの、また克服できない困難を心にとめながら、次に現代英国と米国の階級と経済的不平等の問題について、検討していくことにしよう。そのためにはいま一度、マルクスから、そして彼の有名な窮乏化命題から出発するのがよいだろう。マルクスは、社会の頂点における「富の蓄積」は社会の底辺における「貧困の蓄積」

と結びつくというのが、資本主義発展の法則だと主張した（『資本論第1巻』＝『全集』第23b巻840頁）。いいかえると資本主義社会では、貧困が富の源泉なのである。こうしてマルクスは、ますます豊かになる資本家階級とますます貧しくなる労働者階級がともに成長していくことを予想したが、その一般化については、「それは他のすべての法則と同じように、実現にさいしてさまざまな事情による変化を加えられる」（『資本論第1巻』＝『全集』第23b巻839頁）と記した。マルクスの相対的窮乏化命題は、すでに論じたように（第1・4章参照）、階級の発展に関する彼のプロレタリア化理論の本質的な部分である。資本主義の「発展」によって階級的不平等が拡大するというこの主張を検討するため、すべての富に対する占有比率と、職業階級による収入の不平等のパターンについてのデータを示すことにしよう。

前者のタイプのデータについては、英国（ややルーズに使われていて、一九五〇―七二年のデータではグレート・ブリテン、一九七六―八八年のデータでは連合王国のことである）の成人人口のうち、もっとも豊かな五％がおおむね資本家階級に相当するものと仮定すると、第二次世界大戦の終結以来、これら階級構造の頂点にある人々の所有する富の比率は、七〇％以上から約五〇％へと低下している（Atkinson［1980］, Social Trends［1991］）。より短期的にみると、この趨勢は逆進課税の行なわれたサッチャー時代に停止、さらには逆転している（Riddlee [1989], Stark [1987]）。それほど目立たないものの、同様の歴史的趨勢は、米国に（Smith and Franklin [1980]）、そしてレーガン時代に（Cohen and Rodgers [1988], Winnick [1989]）、認められる。このように英国と米国では、戦後期の国家の経済介入の時代には富の配分が集中度を減じたが、一九八〇年代には集中度を高めたのである。

もっとも経済的に発展した国々でも、階級構造の反対側の極には、貧困が存続している（英国についてはTownsend [1979]、米国についてはHarrington [1984] を参照）。具体的にいうと、一九四五年から一九七九年の間、もっとも豊かでない人々（英国については下位三〇%、米国については下位二〇%）の税引き前所得が全体に占める比率は、英国では約一〇%、米国では四%以下で、変化がなかった（Atkinson [1983]）。一九八〇年代の逆進税制と不況の時期については、いずれの国でも貧しい人々がますます貧しくなったことを示唆する証拠がある（Moon and Sawhill [1984], Walker and Walker [1987], Winnick [1989]）。

後者のタイプのデータについては、英国には一世紀以上も遡ることができる職業階級別所得のデータがあるが（Routh [1987]）、米国では信頼できる統計は戦後についてしか入手できない（Levy [1987]）。いずれの公式統計も、階級と収入の間には一貫した関係があること、そして男性と女性の所得は別々に集計される必要があることを示している。さらに米国については、公式統計と社会学的調査が、所得の不平等には明らかな人種的側面があることを明らかにしている（Levy［1987］, Wright［1979］）。要約すると、英国と米国のデータは、入手可能な期間を通じて、次のような傾向があることを示している。

1 「上位」の職業階級ほど、平均給与と平均所得が高く、逆もまた同じである（Routh［1987］, Levy［1987］）。

2 男性被雇用者の平均給与と収入の中央値は、職業階級構造のどの位置でも、女性被雇用者より高い（Routh［1987：79］, Levy［1987：142］）。

3 米国では、白人男性の収入の中央値は黒人男性より高く、その差は拡大しつつある。また白人女性の収入の中央値は黒人女性より高いが、その差は縮小しつつある（Levy［1987：137, 142］）。

階級と不平等についてのデータは、このように提示されるのが伝統的な方法だが、例外はライトの研究で、彼は自分のネオ・マルクス主義的な階級区分と収入の関係を分析している（第2章を参照）。ライトは、自分の二つの階級構造モデルのそれぞれにもとづいて、収入は明らかに階級によって構造化されていることを確認している（Wright［1979, 1985］）。表6・1は、各階級の収入分布の例である。ここで用いられている階級図式はライトのネオ・マルクス主義的な階級配置図Ⅱであり、分析の単位は個人、対象とする範囲は経済的に活動的な人々、そして収入は回答者個人の前年の税引き前の全収入である。

表6・1　米国における階級別平均年間個人収入

階級所属		収入（米ドル）
1	ブルジョアジー	52,621
2	小雇用主	24,828
3	プチ・ブルジョアジー	14,496
4	専門的経営者	28,665
5	専門的管理職	23,057
6	一般専門職	15,251
7	中高学歴一般経営者	20,701
8	中高学歴管理職	18,023
9	中高学歴労働者	16,034
10	一般経営者	12,276
11	一般管理職	13,045
12	プロレタリア	11,161

表6・1は、現代の米国では、収入が大規模な資本の所有者すなわちブルジョアジーと、階級構造の底辺の労働者の間で両極化していること、そして「収入は搾取のそれぞれの次元に沿って、ひとつの次元についてみても、複数の次元を同時にたどってみても、きわ

めて単調に変化していく」（Wright〔1985：237〕）ことを示している。階級と収入の不平等についてのこの調査には、経済的に非活動的な人々、つまり失業者、学生、主婦、年金生活者などを除外しているという特徴があり、このため豊かな資本家階級と社会のもっとも貧しい人々の間の経済的格差が過小評価されている。この問題は、国家の福祉支出が削減される中、英国と米国ではアンダークラスが拡大していると指摘されていることから考えると、深刻である（Edgell and Duke〔1991〕, Krieger〔1986〕）。

測定方法がどのようなものであれ、すべての利用可能な階級と経済的不平等に関する歴史的データ、比較データは、階級が近代社会における富と収入の配分に対する主要な決定要因であることを示している。この傾向は明確に立証されているので、多くの社会学者、とくに米国の社会学者たちは、収入をそのままで、あるいは他の代理変数と併用しながら、階級所属の代理変数として用いている（Gilbert and Kahl〔1897〕）。しかし、収入を単独で階級所属の代理変数として使うのは問題がある。とくに調査サンプルが男性と女性をともに含む場合には、階級内での性別による収入格差が根強いため、問題が大きい。

階級が収入と富に影響しているということに加え、これらのデータはさらに、社会の中でももっとも大きい経済的不平等の源泉であるという意味で、階級的不平等の中心的な次元である資本の所有が、以前ほど不平等ではなくなってはいるものの、英国と米国では依然として不平等が著しいこと、そしておそらくは拡大しつつあることを示唆している。つまり持続的な富の集中は、多くの社会学的調査ではしばしば見失われてしまう階級である資本家階級の特質の、重要な部分なのである。収入の階級的不平等は、長期にわたってより安定しているが、こうした一般的なパターンの内部には、職業、ジェンダー、人種による格差がある。この間に生活水準が全般的に向上し、しかも国家による福祉システムが形成されたなかで、階級的不平等がこのような趨勢を示していることは、一般に経済的不平等の持続性、個別的にはアンダークラスの存在が、階級的な性格のものだとしたマルクスの予想を、広い意味では支持している。しかしながら、この不況と福祉支出削減の時代に英国と米国で経済的な両極分化が進行していることが、一時的な現象なのか、それとも新しい時代の幕開けなのかということについては、今後の課題である。

民主的階級闘争

マルクスとウェーバーはともに、政治が階級的基盤をもつものであることを十分に理解していて、近代的な政党はさまざまな階級の経済的利害を代表すると指摘した。マルクスについていえば、彼の革命的変革についての理論は、労働者階級の物質的利害を満たす最良の方法は社会主義政党を支持することだと前提していた。これに対してウェーバーは、自分の党派についての分析に、党派は「純粋に階級政党であったり身分政党であったりするとは限らない」(Weber [1961:194]) と限定を加えていた。

戦後の英国と米国では、主要な政党に対する支持は階級に沿ったものになっていて、「中間」諸階級は右翼政党、「下層」諸階級は左翼政党に投票する傾向があると広く考えられてきた (Lipset [1963:194])。この広く認められた傾向の背後にあるロジックは、主要な政党（いわゆる右翼、左翼の順）、英国では保守党と労働党、米国では共和党と民主党が、可能な限り広い範囲の有権者に訴えかけているようにみえながらも、それぞれ資本と労働の利害を主に代表している、というものである。このことはこれらの政党の政策が、国全体にとって最良の施策なのだと主張されてはいるものの、資本に有利な、つまりより大きな不平等をもたらすもの（たとえば、企業や富裕層への減税）であったり、あるいは労働者に有利な、つまりいっそうの平等をもたらすもの（たとえば、労働者や貧困層への国家の給付）であったりしがちなことをみれば、明らかである。このことは、労働組合は左翼政党に、企業は右翼政党に資金援助する傾向、同様に労働者は左翼政党、中間階級は右翼政党に投票する傾向にも反映されている。

こうした、選挙と資金援助からみた政党の階級的基盤についての通説を、米国の社会学者リプセットは、次のように手際よく要約している。

すべての近代民主主義国では、さまざまな諸集団間の紛争は、基本的に「階級闘争の民主的表現形態」である政党を通じて表現される。多くの政党が階級闘争や階級への忠誠という原則を放棄しているとはいっても、これら政党の主張や支持を分析すれば、それらが異なる諸階級の利害を実際に代表していることがわかる。世界的にみれば、諸政党は基本的に、下層諸階級、または中間および上層諸階級のいずれかを主要な基盤にしていると、一般化することができる。この一般化は、伝統的にヨーロッパの階級的に分化したパターンからの例外であると考えられてきた米国の政党についても、やはりあてはまる（Lipset [1963：220]）。

英国と米国における階級と投票行動のこうしたはっきりした関係は、終戦直後以降のすべての時期の、すべての社会調査や選挙研究のデータに認められる。たとえばリプセットは、一九五〇年代のデータを引用して、「中間」諸階級の大多数が、英国では保守党、米国では共和党に投票したこと、一方で「労働者」諸階級の大多数が、それぞれ労働党と民主党に投票したことを示している。しかしながら階級と政治行動の結びつきは、英国やその他のヨーロッパ諸国に比べると、米国ではやや弱い（Alford [1963]）。ギルバートとカール（Gilbert and Kahl [1987]）によると、これには主に二つの理由がある。第1に、米国の民主党は「社会主義的」というよりは「リベラル」であり、労働者階級の味方としての性格が弱い。第2に、人種と民族が階級的な分断線を横切る傾向があり、階級と政党の結びつきを弱めている。このように米国の政治の階級的な性格が弱いことは、米国例外論をめぐる論争でも取り上げられた（第4章、およびPiven [1991] を参照）。

一部の人々が、自分たちの「本来の」階級的利害に反した投票をする理由を説明するためには、やはり階級理論が必要になる。具体例をあげると、労働者階級の右翼支持者や中間階級の左翼支持者は、たとえば農業労働者（Lipset [1963]）や上昇移動した管理職（Abramson [1972]）のように、階級的な周辺性に特徴があると論じられている。つまり、労働者階級の非典型的メンバーは右翼政党に投票しやすく、中間階級の非典型的メンバーは、左翼政党に投票しやすいのである（英国のデータにもとづいてこの問題を検討した最近のものとして、Heath and Evans [1988] がある)。

一九七〇年代から八〇年代に、英国 (Butler and Stokes [1974], Sarlvik and Crewe [1983] など) と米国 (Flanigan and Zingale [1975], Ladd and Hadley [1978] など) で行なわれたいくつかの選挙についての分析は、階級と政党支持の間の歴史的な関係は衰退しつつあるとして、階級と投票についての通説に異議を唱えた。こうした衰退傾向は、階級構造と階級関係の変化、とくに豊かさの拡大と全体的な階級の断片化によるものだとされているが、詳しくはほとんど分析されていない。

英国と米国を含むいくつかの民主主義国における階級別の投票パターンを概観しながら、階級脱編成 (class dealignment) についての理論を提示した優れた例のひとつはダルトン (Dalton [1988]) である。彼は基本的に職業を基礎として (たとえば、マニュアル労働者階級と、新旧中間階級を含めたノンマニュアル中間階級、など) 階級を操作化する。そして彼は、階級投票 (class voting) をアルフォード指数 (階級編成の相対的な尺度で、ノンマニュアルの左翼政党への投票率を、マニュアル労働者の左翼政党への投票率から引いたもの。Alford [1963] を参照) を使って測定する。つまり通例にしたがって、階級投票の指標を計算する際の基準を左翼政党への投票においているのである (右翼政党を用いても同じように簡単に計算できるが、一般的なやり方ではない)。ダルトンは階級投票が時とともに減少傾向にあることを示し、これは「社会経済的な分断線が弱まるという一般的傾向を反映している」(Dalton [1988 : 158])と主張した。

ダルトンはこのような階級投票の衰退について、三つの理由を提示している。第1に、ホワイトカラー労働者の一部がプロレタリア化し、ブルーカラー労働者の一部がブルジョア化するといった階級構造の変化が、階級による違いを弱め、「階級による投票パターンの収斂」をもたらした(Dalton [1988 : 158])。第2に、これと関連して、高い社会移動率が「伝統的な階級と支持の編成を不明確にした」(Dalton [1988 : 159])。第3に、政党は一九四五年以後、「中道的な投票者を引きつけるために……選挙での訴え」を幅広いものにしようとしたため、イデオロギー的にみて階級的性格を薄めた(Dalton [1988 : 159])。このようにダルトンによれば、「階級的な投票パターンの衰退は、投票者の階級アイデンティティが弱まったことと、階級を基盤とする争点への諸政党の立場が近寄ったことによるものである」(Dalton [1988 : 159])。これほど詳細なものではないが、ダルトンの階級脱編成についての理論と共通点のある説明は、たとえばバトラーとストークス(Butler and Stokes [1974])などにもみられる。

西欧民主主義諸国では階級投票が衰退しているというこの命題は、階級脱編成が当然視されている米国（Ladd［1989］）に比べると、英国ではより批判的な評価を受けている。とくにヒースとその共同研究者たち（Heath *et al.*［1991］）の評価は、はっきりしている。

階級投票の絶対的比率と相対的比率、つまり「自分の階級の政党を支持する投票者全体の比率」と「それぞれの階級におけるある政党の相対的な強さ」（Heath *et al.*［1991］）の区別にもとづいて、ヒースとその共同研究者たちは、絶対的階級投票は減少しているが、相対的階級投票はほとんど変わっていないことを示した。そして彼らは、英国では「階級的な脱信仰化がわずかに起こった（おそらくは、社会移動のようなプロセスによって）が、これは政治的な変化をごくわずかしか説明しない」（Heath *et al.*［1991］）としている。

階級脱編成論に対するこの批判は、次には多くの批判的評価を受けることになった。たとえば、彼らのネオ・ウェーバー主義的階級図式は労働者階級の規模を大幅に小さく見積もっている（Crewe［1986］, Dunleavy［1987］）、「サービス階級」内部には、産業分野と関連した重要な政治的分化が生じている（Savage *et al.*［1992：190］）などという指摘がある。また彼らの相対的階級投票の尺度について、クルーは「選挙関係書の場合とは違って、選挙で重要なのは相対的確率ではなく、絶対的得票数である」

(Crewe [1986 : 638]) と、またダンレヴィ (Dunleavy [1987]) は、階級投票の小さな変化にも過剰に反応して結果を歪めてしまうと批判している。

階級脱編成論のさらに論争的な側面は、労働者階級は政治的な団結を弱めてきたという主張をめぐるものである。しかし、この主張を支持する体系的なデータは、たとえあるとしてもわずかである (Goldthorpe [1987], Heath *et al.* [1985], Heath *et al.* [1991])。また、階級間の不平等と階級意識が持続していること (Marshall *et al.* [1988], Vanneman and Cannon [1987])、またサッチャーとレーガンの政権下で起こった政党のイデオロギー的分極化 (Edgell and Duke [1991], Krieger [1986]) に照らして考えると、階級間・政党間の違いが少なくなってきたという命題を支持するのは難しい。したがって階級脱編成の理論が信用に値するものになるためには、階級的な利害とそれを表現するイデオロギーが、投票者と政党に対する影響力を減少させたということを示す必要がある。

階級脱編成論を擁護する側も批判する側も、階級がもはや政治的な態度や行動と関係しなくなったと主張しているのでないことには、注意しておく必要がある。それは経時的にみたときの、階級と棄権を含めた投票行動の関連性の問題なのである (Piven [1991] を参照)。たとえばダルトン (Dalton [1988]) は、階級が依然として投票行動への影響要因であることは認めた上で、それが戦後期に弱まったと主張するのである。同じようにヒースらも、「階級的な脱信仰化は、おそらく緩やかには進行している」(Heath *et al.* [1991：78]) と認めている。左翼政党が「中間」階級の支持を集め、右翼政党が「労働者」階級の支持を集めることにより、階級横断的投票者は常に存在してきた。しかしながら、リプセットがヴェブレン (Veblen [1970]) にならっていうように、「保守政党には、全人口の中のより特権的な人々から親近感をもたれているという利点があり、下層階級の経済的利害に対する左翼のアピールにうち勝つようなアピール力をもっている」(Lipset [1963：230])。

このように論争の最初から、階級横断的投票という概念は、政党は階級利害を代表するという前提の上で使われてきた。しかし階級脱編成の擁護者たちは一般に、各階級の経済的利害を考慮しない階級図式にもとづいて分析し (たとえば Butler and Stokes [1974])、階級脱編成の批判者たちは階級利害を考慮しながら、大規模な資本所有者を除外した階級図式にもとづいて分析してきた (たとえば Heath *et al.* [1985])。したがって、政治に関するマルクスの階級利害説については、「彼と同じ意味で階級を用いた実証研究が存在しない以上」(Robinson and Kelley [1979])、これを検証する直接の材料はほとんどない。そのありうる理由のひとつは、主要な「雇用主」が個人ではなく年金基金であったりするような法人もしくは組織資本主義の時代では、大規模所有者を経験的に特定することが難しいことである（Erikson and Goldthorpe［1992］）。その結果、大きな所有者を小さな所有者から区別しようとすると、資本家階級は中規模の雇用主ばかり――彼らの政治的な特質は否定できないが――からなることになってしまうのである（Edgell and Duke［1991］）。

要約と結論

本章は、常につきまとう測定方法についての論争にもかかわらず、階級は依然として、英国と米国の階級間の不平等と階級政治をめぐる議論の中心であり続けていることを示してきた。このように、マルクスとウェーバーの古典的視点において階級に割り当てられた基軸的な役割は、現代社会の分析においても依然として有効なのである。このことは、階級は経済的・政治的生活を構造づける唯一の要因というわけではないが、それは間違いなくもっとも基本的な要因だということを示唆しているのである。

経済的報酬の配分についていえば、主要な不平等は交換しうる私有財産の所有と関係しており、このように私有財産が依然として重要だということは、相続が重要であり続けていることを意味する。教育は収入の不平等に関係しているが、学歴の取得それ自体も階級に影響されている。非階級的な要因、とくにジェンダーと人種／エスニシティは、やはり経済的不平等の形態に関係しているが、中心的というよりは副次的なものである。戦後期を通じて、英国と米国では経済的不平等がわずかに縮小したという証拠がある。しかし、階級構造の頂点への富の集中と底辺への貧困の集中は、広い意味ではマルクスの理論的予測を裏づけている。

階級と投票行動の間には明確な関係があるという戦後の定説は、一九七〇年代と八〇年代の英国と米国で、階級脱編成論者たちからの挑戦を受けた。これに続く論争は、階級投票の動向を測定するための最良の方法は何かという問題を中心に進められ、階級の操作化に対するさまざまなアプローチを巻き込んだ。その結果、活発で、ときには高度に技術的な論争が引き起こされたが、それが解決できるかどうかの多くは、階級投票の尺度として何を選ぶかにかかっている。絶対的階級投票は減少したが、相対的階級投票はごくわずかしか変わらなかったのである。

あわせて考えると、本章の二つのテーマは、どのように測定されようとも階級は、英国や米国のような現代産業資本主義社会の社会生活の理解に、依然として有効だということを示唆している。端的にいえば、その影響の程度は多くの論争の主題となり続けるとしても、経済的不平等と政治は依然として階級と関連しているのである。このように、ときおり語られるような（Westergaard and Resler［1975：17］を参照）階級の「衰退」とは、ひとつの社会学的幻想なのだが、この問題については次の最終章の主題としよう。

第7章　無階級社会と階級の終焉

はじめに

階級についてのこれまでの検討全体をつらぬく中心テーマは、マルクスとウェーバーによって創始された理論的伝統が、いまなお重要であり続けているというところにあった。その力点の違いにもかかわらず、二人はともに、ウェーバーの言葉を借りれば交換しうる財産の所有と財産の欠如が「すべての階級状況の基本的カテゴリー」だと論じたのである（Weber［1961：182］）。しかし、彼らはともに資本主義社会のダイナミックな性格を認め、その他にもいくつかの階級を区別し、またウェーバーは階級をより多元主義的に描いた。こうして定義された階級の社会学的意義は、階級関係は、一般的には社会構造の、具体的には経済的・政治的生活の分析の鍵だというところにある。英国や米国のような産業資本主義国が依然として階級社会だと断言しうるのは、この意味においてである。

階級社会の未来と無階級社会については、マルクスとウェーバーの独創的な貢献が、いま一度出発点を与えてくれる。マルクスにとって、資本主義の、したがって階級の終焉は、労働者階級の革命による資本家階級の打倒、私有財産の廃絶、そして条件の平等にもとづく無階級社会の確立によって達成されるべきものだった。しかしながら、革命の成功の後には、新しい支配階級であるプロレタリアートが資本主義を解体する過渡期が存在するだろう。これは、無階級社会の単一階級的段階と呼んでいいだろう。階級闘争を引き起こすような古い生産諸条件が、それに伴うすべての階級的な差異とともに一掃されたときにはじめて、「各人の自由な発展が万人の自由な発展の条件であるような」(『共産党宣言』=『全集』第4巻496頁)、無階級社会の到来を祝福することができるのである。このようにマルクスの社会変動理論では、複数階級の闘争を含む現存社会は、将来の単一階級の無階級社会や完全な無階級社会と比べて、好ましくないものとされるのである。

非常に対照的に、ウェーバーの考えでは、「勝利した資本主義」の「鉄の檻」(Weber［1976：181］）から逃れる方法は存在しない。彼によると、「大衆の物質的運命は、ますます私的資本主義の官僚制的組織の安定的で正確な機能に依存するようになる。こうした組織を取り除こうという考えは、ますます空想的なものになっていく」（Weber［1961：229］）。ウェーバーにとって、官僚制組織の支配は、その技術的卓越性のために逃れることのできないものであり、社会主義はこの問題を改善するよりも悪化させるものだった。これに対して、その事業の上での優れた専門性のおかげで「資本主義的な企業家は、われわれの社会の中で、合理的官僚制的な知による統制に服することを、少なくとも相対的に免れ続けることのできる、唯一の人々である」（Weber［1964：339］）。これに加えて、ウェーバーは官僚制化が「階級的な特権を排除することから……社会階級の平準化を推し進める」「処遇の平等」（Weber［1964：340］）を含んでいると指摘した。ただしこの平準化は、「官僚制的に編成された支配集団」（Weber［1964：226］）に対する被支配者の平準化に限られている。さらにウェーバーは、官僚制的権力が、事実上うち破ることのできない性質をもつことや、資産や資格の所有にもとづく特権階級が社会的閉鎖性を高める可能性に、懸念をもっていた。このように、ウェーバーは官僚制化の反民主的な性格について留保を表明しながらも、社会の全領域への官僚制的構造の浸透が差別や特権の減少に結びつくと考え、そしてこれに伴う機会の平等という観点から、無階級社会を論じたのである。

こうして結局のところ、階級社会の将来についてのマルクスとウェーバーの見解は、資本家は悪党かヒーローか、資本の支配か官僚制支配かといった点において明らかに分かれている。要約するとマルクスは、資本の支配へのプロレタリアートの従属を懸念し、階級の基盤である所有を廃絶することが、真に階級のない社会への第一歩だと考えた。これに対してウェーバーは、資本家階級の除去は、官僚機構の権力者たちへの従属を深めることにつながるだろうと論じ、機会の平等と、社会のさらなる、ただし限られた平準化をもたらすものとして、官僚的に組織された資本主義の合理性を支持したのである。

無階級社会の現代的構想

無階級社会という概念についての現代的な諸見解のすべては、多かれ少なかれ、マルクスとウェーバーの階級社会学に由来するものとみることができる。無階級社会の主要な構想としては、全面的無階級社会、単一階級的無階級社会、多階級的無階級社会の三つがある。

全面的無階級社会はネオ・マルクス主義的な構想で、資本家の労働者階級に対する権力の源泉であり、経済的不平等の主要な源泉である私有財産の廃絶を含んでいる。これが成功するためにはさらに、相続の廃止、累進課税体系の導入、すべての人々への無償の教育と保健の提供、そして単一の社会集団が政治権力を独占して自分たち自身の利害のために行使するのを防止することが必要である。

これは無階級社会の極端な形態であり、それだけでは大いに問題がある。第1に、これは階級社会の全面的な変革と、これに伴う社会の内部・外部の抵抗を打破するために必要なすべてのことを想定しているという意味で、きわめて大がかりなものである。第2に、この種の無階級社会は、社会階層の普遍的かつ機能的な必要性についての主張（Davis and Moore [1945]）を否定するものである。この理論によれば、社会階層は、人々を機能的に重要な地位につき、これに伴う役割を遂行するように動機づけるという、すべての社会が直面する課題を解決するのである。これに関連して第3に、高度に分化した職業的分業と連帯的な親族システムに特徴づけられるすべての社会では、無階級社会は不可能だという主張がある。最後に、無階級社会のこの構想は社会的な調和を含意しているが、実際には紛争は、すべての社会で重要な社会的機能をはたしている（Coser [1956]）。たとえば紛争は、諸関係を変化させるだけではなく、社会全体を変革することができる。このように全面的無階級社会は、非現実的だとして訴えられている。機能主義に長所と短所があるとしても（階層の機能主義理論に対する批判については、Tumin〔1953〕を参照）、最低限いえるのは、全面的無階級社会の実現には膨大な社会的・政治的障害があるということである。

単一階級的無階級社会には、「労働者階級」社会と「中間階級」社会という二つの形態がある。前者の例は、過渡期的段階にあるソビエト型あるいは共産主義型の社会で、しばしば「プロレタリア独裁」（マルクスにとってこの用語が、今日のわれわれが受け取るように非難すべきものという意味をもっていなかったということに注意しておくことが重要である。この問題についての簡潔な検討としては、McLellan〔1971〕を参照）と呼ばれる政府の形態によって特徴づけられる。ネオ・マルクス主義と非マルクス主義のさまざまな立場から、このような社会には私有財産がないから階級がなく、すべての人が生産手段に対して同じ関係にあるから階級闘争はないと論じられてきた。社会的・経済的格差は残っているが、社会移動率が高いので、階級の形成にまで至ることはない。主要ではあるが一時的な社会的分断線は、あらゆる場所に存在する共産党の官僚機構と、非党員の市民の間にある。しかし、マルクスの革命的な社会変動の理論から着想を得たこの種の単一階級的無階級社会が、ウェーバーの指摘したように、ひとつの階層が国家権力を独占し、これに伴う経済的利益を享受するという、ある種の聖職者政治を生み出す傾向を示しているのは確かである。こうしてソビエト型社会は、行政手段が少数者の手に集中されるという第1段階を超えて進むことに失敗したことから、「事実上は破壊困難」(Weber [1961 : 228]) だったはずのものが破壊されるという結末を迎えたものと考えられる。

「中間階級」型の単一階級的無階級社会の例は、現代の英国や米国のような社会では、すべての人々が中間階級になったという主張である (Mayer [1956, 1959, 1963], Zweig [1961])。無階級社会についてのこの構想は、ブルジョア化命題をめぐる議論 (第4章で簡単に論じた) の一部であり、この命題の周知の限界 (Goldthorpe *et al.* [1969]) のすべてを引きついでいる。この命題は、職業構造の発展と変化によって、収入格差が減少するとともに消費パターンが均質化しており、こうした経済動向の結果、階級闘争と階級間の違いはなくなりつつあると主張した。また政治の次元の問題としては、豊かさは保守主義を助長し、急進主義を弱めるとされる。このように「中間階級社会」は、労働、家庭、遊び、政治などあらゆる場面で明白なものになっていく。この命題は常に、社会学者よりも社会評論家に受けがいいようだが (Goldthorpe *et al.* [1969] の引用した諸文献を参照)、ひとたび体系的で批判的な検討を加えれば、信憑性に欠けることは明らかである。経済的な好況と不況の循環は依然として起こり、経済的な不安と不平等は消えていない。確かに消費水準は上昇しているが、それは労働者階級だけでなくすべての階級についてである。階級闘争は制度化はしたもののなくなったわけではなく、いわゆる豊かな労働者は左翼政党を支持し続けている。このように中間階級的無階級社会というのは、誤った前提、根拠、理論にもとづく神話である。

あわせて考えれば、労働者階級的無階級社会と中間階級的無階級社会はいずれも、私有財産に基盤をもつ所有者―労働者という古典的な二分法が克服されることを前提とした、脱資本主義的な社会発展を叙述したものといえる。つまり、前者は中間階級の消滅、後者は労働者階級の消滅を前提に描かれていて、両者ともに支配階級の存在を否定している。一方では私有財産を廃絶し、共産主義型の社会でプロレタリア化が進むという主張、他方では私有財産が非個人化し、資本主義型社会でブルジョア化が進むという主張だが、実際にはいずれの社会でも、経済権力の集中は弱まらなかった。

多階級的無階級社会とは、市民的平等と階級構造・階級意識の細分化の進行が共存する社会のことである。このきわめて多元主義的な無階級社会の構想は、ウェーバーの近代（すなわち官僚制的、民主的）資本主義の分析に起源をもち、その行き着いた先が、社会階層の機能主義的モデルである。つまり多階級的無階級社会は、不平等に対する平等な機会を意味するものであり、非平等主義的無階級社会（Ossowski [1963]）とも呼ばれてきた。オソウスキーによると、無階級社会のこの構想は、次の特徴をもつ（Ossowski [1963 : 121]）。

1　個人の社会的経済的地位は、生まれによっては決定されない。たとえ出発点が平等でなくとも、最高の地位への道はすべての人に開かれている。

2　社会的地位の尺度は、連続体をなしている地位序列を異なる階層の段階に変換するような、明確な障壁によって分割されることはない。

3　2により、社会的地位の尺度のそれぞれの部分に明らかな特権が付与されることはないし、社会的地位の上位と下位の間に永続的な利害の対立は存在しない。

4　階層間の社会的接触には、隔離も制限も存在しない。

無階級社会のこの構想は、市民的平等という米国的心情の基本的教義（Ossowski [1963]）と、機会の平等と個人的成功という米国社会独特の価値（Williams [1970]）に合致している。したがってそれは、誰でも上昇移動を達成できるというアメリカン・ドリームを描いたものである。この種の無階級性は、不平等を個人の能力の違いに帰着させ、したがって社会的格差を正当化するという点で、政治的にも重要である。この考え方は米国では珍しいものではないが、現代資本主義のイデオロギーの一部である（Abercrombie *et al.* [1980]）。英国ではジョン・メージャーが、保守党の党首選挙と国政選挙に向けたキャンペーン中にこの種の無階級性を唱道した。「われわれは、階級なき社会を必要としている。われわれは、社会移動というものを必要としている。社会移動というのは、すべての人が自分の能力を最大限に発揮するために必要な手助けを得る可能性のことである」（ガーディアン紙一九九〇年一一月二八日）。

非平等主義的無階級社会は、ずっと以前から、米国においてすら、矛盾した社会構成だと評価されてきた。なぜなら、万人が平等ならば、移動していくべき上の地位も下位の地位も存在しないはずだからである（Warner [1960]）。またヒエラルキー的な社会では、すべての人が成功することはできない。そうでなければ、族長の数は先住民の数を上回ってしまうだろう。顧客満足のストレス（Chinoy [1955]）、地位パニック（Mills [1956]）、逸脱（Merton [1968]）、罪の意識と社会的屈辱（Sennett and Cobb [1977]）など、アメリカン・ドリームの達成に失敗したことがもたらす社会的効果についての諸研究は、こうした内在的矛盾を示すものである。こうした「階級の隠された傷」（Sennett and Cobb [1977]）、そしてそれほど隠されていない傷に加えて、多階級的無階級論の根本的な問題点は、明らかな経済的な不平等が存続し、相対移動率が一定だということは、経済的・文化的資本の世代間での継承が依然として重要であることを立証しているということである。この種の無階級論が、従属階級の大多数にとってたんなる夢以上のものになるためには、階級の継承性が大幅に弱められる必要があろう。つまり、機会の平等と真に開かれた社会の実現を妨げている条件の不平等を取り除くための政治介入が求められるだろう (Goldthorpe [1987])。

要約と結論

マルクスとウェーバーによって創始された階級分析の伝統は、産業資本主義社会における諸階級の起源と性格についての考察から、無階級社会の概念と階級社会の未来にまで広がっていた。全面的無階級社会、単一階級的無階級社会、多階級的無階級社会という三つの主要な無階級社会の構想はすべて、多かれ少なかれ、マルクスとウェーバーの著作と関係づけられる。ここで考察したすべての無階級社会の構想の中で、もっとも非現実的でないのは、多階級的無階級社会であろう。それは、上昇移動に対する障壁が公式的には存在しないという重要な意味においてである。近代資本主義の階級システムは、非個人的で相対的に開かれたものであり、階級はないという観念が強力な影響をもちうる状況を提供している。しかしながら、マルクスとウェーバーが示したように、多くの本来的には矛盾し対立する要因が、非平等主義的階級社会の実現を妨げている。たとえば、マルクスが強調し、ウェーバーも言及したように、市場においては資産所有者と労働力の売り手の階級的利害が対立している。これに加えてウェーバーは、特権階級が機会を独占する傾向と、官僚制的権力を制御することの難しさに注意を促していた。このように多階級的あるいは非平等主義的で階級のない民主主義社会を実現するための主要な障害は、資産の所有にもとづくものであれ、資格の保有にもとづくものであれ、この高度に官僚制化された資本主義社会において、階級的不平等が存続し続けているということそのものである。したがってわれわれは、階級は消滅したという思い込みを説くのではなく、不平等と政治の形態が階級に強固に基礎づけられていることや、これに関連したさまざまなことを説明しなければならない。それまでの間は、階級が支配するのであり、無階級社会は現実ではなく夢にとどまり続けるだろう。

文献一覧

Abbott, P. (1990) 'A re-examination of "Three theses re-examined"', in G. Payne and P. Abbott (eds) *The Social Mobility of Women: Beyond Male Mobility Models*, London: Falmer Press.

Abbott, P. and Sapsford, R. (1987) *Women and Social Class*, London: Tavistock.

Abbott, P. and Wallace, C. (1990) *An Introduction to Sociology: Feminist Perspectives*, London: Routledge.

Abercrombie, N. *et al.* (1980) *The Dominant Ideology Thesis*, London: Allen & Unwin.

Abercrombie, N. and Urry, J. (1983) *Capital, Labour and the Middle Classes*, London: Allen & Unwin.

Abramson, P. (1972) 'Intergenerational social mobility and partisan choice', *American Political Science Review*, 66: 1291–94.

Acker, J. (1973) 'Women and social stratification', *American Journal of Sociology*, 78: 936–45.

Ahrne, G. (1990) 'Class and society: a critique of John Goldthorpe's model of social classes' in J. Clark *et al.* (eds) *John H. Goldthorpe: Consensus and Controversy*, London: Falmer Press.

Alford, R. (1963) *Party and Society*, Chicago: Rand McNally.

Allen, P. (ed.) (1963) *Pitirim A. Sorokin in Review*, Durham: Duke University Press.

Arber, S. *et al.* (1986) 'The limitations of existing social class classifications of women', in A. Jacoby (ed.) *The Measurement of Social Class*, London: Social Research Association.

Aron, R. (1972) *Progress and Disillusion*, London: Pelican.

Aronowitz, S. (1974) *The Shaping of American Working Class Consciousness*, New York: McGraw-Hill.

Atkinson, A. (1974) 'Poverty and income inequality in Britain', in D. Wedderburn (ed.) *Poverty, Inequality and Class Structure*, Cambridge: Cambridge University Press.

—— (1980) *Wealth, Income and Inequality*, Oxford: Oxford University Press (second edition).

—— (1983) *The Economics of Inequality*, Oxford: Clarendon Press (second edition).

Attewell, P. (1989) 'The clerk deskilled: a study in false nostalgia', *Journal of Historical Sociology*, 2: 357–88.

Auletta, K. (1982) *The Underclass*, New York: Random House.

Bagguley, P. and Mann, K. (1992) 'Idle thieving bastards? Scholarly representations of the "underclass"', *Work, Employment and Society*, 6: 113–26.

Baran, P. and Sweezy, P. (1968) *Monopoly Capital*, London: Pelican.

Bechhofer, F. *et al.* (1974) 'The petits bourgeois in the class structure' in F. Parkin (ed.) *The*

Social Analysis of Class Structure, London: Tavistock.

Bechhofer, F. and Elliot, B. (1978) 'The politics of survival' in J. Garrard *et al.* (eds) *The Middle Class in Politics*, Farnborough: Saxon House.

——(1981) *The Petite Bourgeoisie*, London: Macmillan.

Bendix, R. (1960) *Max Weber: an Intellectual Portrait*, London: Heinemann.

Berle, A. A. and Means, G. C. (1968) *The Modern Corporation and Private Property*, New York: Harcourt, Brace & World Inc. (revised edition, first published in 1932).

Berlin, I. (1963), *Karl Marx*, London: Oxford University Press.

Blackburn, R. (1965) 'The new capitalism' in P. Anderson and R. Blackburn (eds) *Towards Socialism*, London: Fontana.

Blackburn, R. and Mann, M. (1979) *The Working Class in the Labour Market*, London: Macmillan.

Bland, R. (1979) 'Measuring "social class"' *Sociology*, 13: 283–91.

Blau, P. M. and Duncan, O. R. (1967) *The American Occupational Structure*, New York: Wiley.

Bogenhold, D. and Staber, U. (1991) 'The decline and rise of selfemployment', *Work, Employment and Society* 5: 223–39.

Boissevain, J. (1984) 'Small entrepreneurs in contemporary Europe' in R. Ward and R. Jenkins (eds) *Ethnic Communities in Business*, Cambridge: Cambridge University Press.

Boston, G. (1980) 'Classification of occupations', *Population Trends*, 20: 9–11.

Bottomore, T. (1989) 'The capitalist class' in T. Bottomore and R. Brym (eds) *The Capitalist Class: an International Study*, London: Harvester-Wheatsheaf.

—— (1991) *Classes in Modern Society*, London: HarperCollins (revised edition, first published in 1965).

Bottomore, T. *et al.* (eds) (1991) *A Dictionary of Marxist Thought*, Oxford: Blackwell (second edition).

Bourdieu, P. (1971) 'Cultural reproduction and social reproduction', *Social Science Information*, 20: 45–99.

—— (1984) *Distinction: a Social Critique of the Judgement of Taste*, London: Routledge and Kegan Paul.

Braverman, H. (1974) *Labour and Monopoly Capital: the Degradation of Work in the Twentieth Century*, New York: Monthly Review Press.

Brewer, R. (1986) 'A note on the changing status of the Registrar General's classification of occupations', *British Journal of Sociology*, 37: 131–40.

Britten, N. and Heath, A. (1983) 'Women, men and social class', in E. Gamarnikow *et al.* (eds) *Gender, Class and Work*, London: Heinemann.

Brown, C. (1984) *Black and White Britain*, London: Heinemann.

Brown, R. (1990) 'A flexible future in Europe? Changing patterns of employment in the United Kingdom', *British Journal of Sociology*, 41: 301-27.

Burnham. J. (1945) *The Managerial Revolution*, London: Pelican (first published in 1941).

Burrows, R. (ed.) (1991) *Deciphering the Enterprise Culture: Entrepreneurship, Petty Capitalism and the Restructuring of Britain*, London: Routledge.

Burrows, R. and Curran, J. (1989) 'Sociological research on the service sector small businesses', *Work, Employment and Society*, 3: 527-39.

Butler, D. and Stokes, D. (1974) *Political Change in Britain*, London: Macmillan.

Carchedi, G. (1977) *On the Economic Identification of Social Classes*, London: Routledge and Kegan Paul.

—— (1989) 'Classes and class analysis', in E. O. Wright (ed.) *The Debate on Classes*, London: Verso.

Carter, R. (1985) *Capitalism, Class Conflict and the New Middle Class*, London: Routledge and Kegan Paul.

—— (1986) 'Review of classes', *Sociological Review*, 34: 686-8.

Child, J. (1969) *The Business Enterprise in Modern Industrial Society*, London: Macmillan.

Chinoy, E. (1955) *Automobile Workers and the American Dream*, Boston: Beacon.

Clegg, S. *et al.* (1986) *Class, Politics and the Economy*, London: Routledge.

Cohen, J. and Rogers, J. (1988) 'Reaganism after Reagan' in R. Miliband (ed.) *The Socialist Register*, London: Merlin.

Collins, R. (1979) *The Credential Society*, London: Academic Press.

Conk, M. A. (1978) 'Occupational classification in the United States census: 1870–1940', *Journal of Interdisciplinary History*, 9: 111–30.

Cornforth, C. *et al.* (1988) *Developing Successful Worker Cooperatives*, London: Sage.

Coser, L. (1956) *The Functions of Social Conflict*, Glencoe: Free Press.

—— (1977) *Masters of Sociological Thought: Ideas in Historical and Social Context*, New York: Harcourt Brace Jovanovich (second edition).

Coxon, A. *et al.* (1986) *Images of Social Stratification*, London: Sage.

Crewe, I. (1986) 'On the death and resurrection of class voting: some comments on "*How Britain Votes*"', *Political Studies*, 34: 620–38.

Crompton, R. (1990) 'Goldthorpe and Marxist theories of historical development' in J. Clark *et al.* (eds) *John H. Goldthorpe: Consensus and Controversy*, London: Falmer Press.

Crompton, R. and Gubbay, J. (1977) *Economy and Class Structure*, London: Macmillan.

Crompton, R. and Jones, G. (1984) *White Collar Proletariat*, London: Macmillan.

Crompton, R. and Mann, M. (1986) *Gender and Stratification*, Cambridge: Cambridge University Press.

Crompton, R. and Reid, S. (1983) 'The deskilling of clerical work' in S. Wood (ed.) *The Degradation of Work*, London: Hutchinson.

Crossland, C. (1964) *The Future of Socialism*, London: Cape (first published in 1956).

Crowder, N. (1974) 'A critique of Duncan's stratification research', *Sociology*, 8: 19–45.

Curran, J. and Burrows, R. (1986) 'The sociology of petite capitalism' *Sociology*, 20: 265–79.

Curran, J. *et al.* (eds) (1986) *The Survival of the Small Firm I: the Economics and Survival of Entrepreneurship*, Aldershot: Gower.

Cutler, A. (1978) 'The romance of labour', *Economy and Society*, 7: 74–9.

Dahrendorf, R. (1959) *Class and Class Conflict in an Industrial Society*, London: Routledge and Kegan Paul.

—— (1964) 'Recent changes in the class structure of European societies', *Daedalus*, 93: 225–70.

Dale, A. *et al.* (1985) 'Integrating women into class theory', *Sociology*, 19: 384–408.

Dalton, R. (1988) *Citizen Politics in Western Democracies*, Chatham, NJ: Chatham House.

Davies, C. (1980) 'Making sense of the census in Britain and the USA', *Sociological Review*, 28: 581–609.

Davis, K. and Moore, W. (1945) 'Some principles of stratification', *American Sociological Review*, 10: 242–9.

Delphy, C. (1981) 'Women in stratification studies' in H. Roberts (ed.) *Doing Feminist Research*,

London: Routledge and Kegan Paul.

De Vroey, M. (1975) 'The corporation and the labor process: the separation of ownership and control in large corporations', *Review of Radical Political Economics*, 7: 1–10.

Devine, F. (1992) *Affluent Workers Revisited*, Edinburgh: Edinburgh University Press.

Dex, S. (1985) *The Sexual Division of Work*, Brighton: Wheatsheaf.

—— (1987) *Women's Occupational Mobility*, London: Macmillan.

—— (1990) 'Goldthorpe on class and gender: the case against' in J. Clark *et al.* (eds) *John H. Goldthorpe: Consensus and Controversy*, London: Falmer Press.

Domhoff, G. (1967) *Who Rules America?*, New Jersey: Prentice Hall.

Drudy, S. (1991) 'The classification of social class in sociological research', *British Journal of Sociology*, 42: 21–41.

Duke, V. and Edgell, S. (1987) 'The operationalization of class in British sociology', *British Journal of Sociology* 38: 445–63.

Dunleavy, P. (1980) *Urban Political Analysis*, London: Macmillan.

—— (1987) 'Class dealignment in Britain revisited', *West European Politics*, 10: 400–19.

Dunleavy, P. and Husbands, C. (1985) *British Democracy at the Crossroads*, London: Allen & Unwin.

Edgell, S. (1980) *Middle Class Couples*, London: Allen and Unwin.

——(1987) 'Veblen: social theorist and social critic', *Salford Papers in Sociology* no. 3, Salford: University of Salford.

——(1989) Book review of *Status* by B. S. Turner, *Sociology*, 23: 647–8.

——(1992) 'Veblen and post-Veblen studies of conspicuous consumption: social stratification and fashion', *Revue Internationale de Sociologie*, Nouvelle Serie-N3: 205–27.

Edgell, S. and Duke, V. (1983) 'Gender and social policy: the impact of the public expenditure cuts and reactions to them', *Journal of Social Policy*, 12: 357–78.

——(1986) 'Radicalism, radicalization and recession', *British Journal of Sociology*, 37: 479–512.

——(1991) *A Measure of Thatcherism: a Sociology of Britain*, London: HarperCollins.

Edgell, S. and Hart, G. (1988) 'Informal work: a case study of moonlighting firemen', *Salford Papers in Sociology* no. 6, Salford: University of Salford.

Edgell, S. and Tilman, R. (1991) 'John Rae and Thorstein Veblen on conspicuous consumption', *History of Political Economy*, 23: 167–180.

Edgell, S. and Townshend, J. (1992) 'John Hobson, Thorstein Veblen and the phenomenon of imperialism: finance capital, patriotism and war', *American Journal of Economics and Sociology*, 51: 401–20.

Erikson, R. (1984) 'Social class of men, women and families', *Sociology*, 18: 500–14.

Erikson, R. and Goldthorpe, J. H. (1985) 'Are American rates of social mobility exceptionally high? New evidence on an old issue', *European Sociological Review*, 1: 1–22.

——(1992) *The Constant Flux: a Study of Class Mobility in Industrial Societies*, Oxford: Clarendon Press.

Erikson, R., Goldthorpe, J. H., and Portocarero, L. (1979) 'Intergenerational class mobility in three western European societies: England, France and Sweden', *British Journal of Sociology*, 30: 415–41.

——(1982) 'Social fluidity in industrial nations: England, France and Sweden', *British Journal of Sociology*, 33: 1–34.

——(1983) 'International social mobility and the convergence thesis', *British Journal of Sociology*, 34: 303–43.

Evans, G. (1992) 'Is Britain a class-divided society?', *Sociology*, 26: 233–58.

Featherman, D. (1981) 'Social stratification and mobility: two decades of cumulative social science', *American Behavioral Scientist*, 24: 364–85.

Featherman, D. and Hauser, R. (1978) *Opportunity and Change*, New York: Academic Press.

Fevre, R. (1991) 'Emerging "alternatives" to full-time and permanent employment' in P. Brown and R. Scase (eds) *Poor Work: Disadvantage and Division of Labour*, Milton Keynes: Open University.

Field, F. (1989) *Losing Out: the Emergence of Britain's Underclass*, Oxford: Blackwell.

Finch, J. (1983) *Married to the Job*, London: Allen and Unwin.

Flanigan, W. and Zingale, N. (1975) *Political Behaviour of the American Electorate*, Boston: Allyn and Bacon (third edition).

Ford, J. (1989) 'Casual work and owner occupation', *Work, Employment and Society*, 3: 29–48.

Form, W. (1982) 'Self-employed manual workers: petty bourgeois or working class?', *Social Forces*, 60: 1050–69.

Galbraith, J. (1967) *The New Industrial State*, London: Hamish Hamilton.

Gallie, D. (1988) 'Employment, unemployment and social stratification', in D. Gallie (ed.) *Employment in Britain*, Oxford: Blackwell.

—— (1991) 'Patterns of skill change: upskilling, deskilling or the polarization of skills?', *Work, Employment and Society*, 5: 319–51.

Gamarnikow, E. *et al.* (eds) (1983) *Gender, Class and Work*, London: Heinemann.

Gerry, C. (1985) 'Small enterprises, the recession and the "disappearing working class"', in G. Rees *et al.* (eds) *Political Action and Social Identity*, London: Macmillan.

Gerth, H. and Mills, C. W. (1961) *Character and Social Structure*, London: Routledge and Kegan Paul (first published in 1954).

Giddens, A. (1979) *The Class Structure of the Advanced Societies*, London: Hutchinson (first published 1973).

——(1985) 'In place of emptiness', *New Society*, 74: 383–4.

Gilbert, D. and Kahl, J. (1987) *The American Class Structure*, Belmont: Wadsworth (third edition).

Glass, D. (ed.) (1964) *Social Mobility in Britain*, London: Routledge (first published in 1954).

Glenn, N. *et al.* (1974) 'Patterns of intergenerational mobility of females through marriage', *American Sociological Review*, 39: 633–99.

Goldthorpe, J. H. (1972) 'Class, status and party in modern Britain: some recent interpretations, Marxist and Marxisant', *European Journal of Sociology*, 13: 342–72.

——(1982) 'On the service class, its formation and future', in A. Giddens and G. MacKenzie (eds) *Social Class and the Division of Lobour*, Cambridge: Cambridge University Press.

——(1983) 'Women and class analysis: in defence of the conventional view', *Sociology*, 17: 465–88.

——(1984) 'Women and class analysis: a reply to the replies', *Sociology*, 18: 491–9.

——(1987) *Social Mobility and Class Structure in Modern Britain*, Oxford: Clarendon Press (revised edition, first published in 1980).

——(1990) 'A response' in J. Clark *et al.* (eds) *John H. Goldthorpe: Consensus and Controversy*, London: Falmer Press.

Goldthorpe, J. H. *et al.* (1968) *The Affluent Worker: Industrial Attitudes and Behaviour*, Cam-

bridge: Cambridge University Press.
——(1969) *The Affluent Worker in the Class Structure*, Cambridge: Cambridge University Press.
Goldthorpe, J. H. and Bevan, P. (1977) 'The study of social stratification in Great Britain', *Social Science Information*, 16: 279–334.
Goldthorpe, J. H. and Hope, K. (1974) *The Social Grading of Occupations*, Oxford: Clarendon Press.
Goldthorpe, J. H. and Lockwood, D. (1963) 'Affluence and the British class structure', *Sociological Review*, 11: 133–63.
Goldthorpe, J. H. and Payne, G. (1986) 'Trends in intergenerational class mobility in England and Wales 1972–1983', *Sociology*, 20: 1–24.
Goss, D. (1991) *Small Business and Society*, London: Routledge.
Gouldner, A. (1979) *The Future of Intellectuals and the Rise of the New Class*, London: Macmillan.
Gramsci, A. (1971) *Selections from the Prison Notebooks*, London: Lawrence and Wishart.
Grieco, M. (1981) 'The shaping of a workforce: a critique of the Affluent Worker study', *International Journal of Sociology and Social Policy*, 1: 62–88.
Hacker, H. (1951) 'Women as a minority group', *Social Forces*, 20: 60–9.

Hakim, C. (1980) 'Census reports as documentary evidence: the census commentaries 1801–1951', *Sociological Review*, 28: 551–80.

——(1988) 'Self-employment in Britain: a review of recent trends and issues', *Work, Employment and Society*, 2: 412–50.

Hamilton, R. (1972) *Class and Politics in the United States*, New York: Wiley.

Harrington, M. (1984) *The New American Poverty*, New York: Holt, Rinehart and Winston.

Hauser, R. and Featherman, D. (1977) *The Process of Stratification*, New York: Academic Press.

Heath, A. (1981) *Social Mobility*, London: Fontana.

Heath, A. and Britten, N. (1984) 'Women's jobs do make a difference', *Sociology*, 18: 475–90.

Heath, A. and Evans, G. (1988) 'Working-class conservatives and middle-class socialists', in R. Jowell *et al.* (eds) *British Social Attitudes: the 5th Report*, Aldershot: Gower.

Heath, A. *et al.* (1985) *How Britain Votes*, Oxford: Pergamon.

——(1987) 'Trendless fluctuation: a reply to Crewe', *Political Studies*, 35: 256–77.

——(1988) 'Class dealignment and the explanation of political change: a reply to Dunleavy', *West European Politics*, 11: 146–8.

——(1991) *Understanding Political Change: the British Voter 1964–1987*, Oxford: Pergamon.

Heisler, B. (1991) 'A comparative perspective on the underclass', *Theory and Society*, 20: 455–

83.

Henry, S. (1982) 'The working unemployed: perspectives on the informal economy and unemployment', *Sociological Review*, 30: 460–77.

Hindess, B. (1973) *The Use of Official Statistics in Sociology*, London: Macmillan.

Hird, C. and Irvine, J. (1979) 'The poverty of wealth statistics', in J. Irvine *et al.* (eds) *Demystifying Social Statistics*, London: Pluto Press.

Hodge, R. W., Treiman, D. and Rossi, P. H. (1967) 'Occupational prestige in the United States 1925–1963' in R. Bendix and S. M. Lipset (eds) *Class, Status and Power*, London: Routledge and Kegan Paul (second edition).

Holmwood, J. M. and Stewart, S. (1983) 'The role of contradictions in modern theories of social stratification', *Socilogy*, 17: 234–54.

Huaco, G. (1966) 'The functionalist theory of stratification: two decades of controversy', *Inquiry*, 9: 215–40.

Hudson, J. (1989) 'The birth and death of firms', *Quarterly Review of Economics and Business*, 29: 68–86.

Hyman, R. and Price, R. (eds) (1983) *The New Working Class? White Collar Workers and Their Organisations*, London: Macmillan.

Institute of Employment Research (1987) *Review of the Economy and Employment*, Coventry:

University of Warwick.

International Labour Office [ILO] (1968) *The International Standard Classification of Occupations*, Geneva: ILO.

Irvine, J. *et al.* (eds) (1979) *Demystifying Social Statistics*, London: Pluto Press.

Johnson, H. (1973) *The Theory of Income Distribution*, London: Gray-Mills.

Katznelson, I. (1981) *City Trenches: Urban Politics and the Patterning of Class in the United States*, Chicago: University of Chicago Press.

Kelsall, R. and Mitchell, S. (1959) 'Married women and employment in England and Wales', *Population Studies*, 13: 19–33.

Kemeny, P. (1972) 'The affluent worker project: some criticisms and a derivative study', *Sociological Review*, 20: 373–89.

Kolko, G. (1962) *Wealth and Power in America: an Analysis of Social Class and Income Distribution*, London: Thames and Hudson.

Krieger, J. (1986) *Reagan, Thatcher and the Politics of Decline*, Cambridge: Polity.

Ladd, E. (1989) 'The 1988 elections: continuation of the post-New Deal system', *Political Science Quarterly*, 104: 1–18.

Ladd, E. and Hadley, C. (1978) *Transformations of the American Party System*, New York: W. W. Norton (second edition).

Lash, S. and Urry, J. (1987) *The End of Organized Capitalism*, Cambridge: Polity.

Leete, R. and Fox, J. (1977) 'Registrar General's social classes', *Population Trends*, 8: 1–7.

Levy, F. (1987) *Dollars and Dreams: the Changing American Income Distribution*, New York: Russell Sage Foundation.

Lipset, S. M. (1963) *Political Man*, London: Heinemann.

——(1969) *Revolution and Counter Revolution*, London: Heinemann.

——(1991) 'American exceptionalism reaffirmed' in B. Schafer (ed.) *Is America Different? A New Look at American Exceptionalism*, Oxford: Clarendon Press.

Lipset, S. M. and Bendix, R. (1951) 'Social status and social structure', *British Journal of Sociology*, 2: 150–68 and 230–54.

——(1959) *Social Mobility in Industrial Society*, Berkeley: University of California Press.

Lipset, S. M. and Zetterberg, H. L. (1956) 'The theory of social mobility', *Transactions of the Third World Congress of Sociology*, 3: 155–77.

Littler, C. and Salaman, G. (1984) *Class at Work*, London: Batsford.

Lockwood, D. (1989) *The Blackcoated Worker*, Oxford: Oxford University Press (second edition).

Loutfi, M. (1991) 'Self-employment patterns and policy issues in Europe', *International Labour Review*, 130: 1–19.

Lowe, G. (1987) *Women in the Administrative Revolution*, Cambridge: Polity.

Lupton, C. and Wilson, C. (1959) 'The social background and connections of top decision-makers', *The Manchester School of Economics and Social Studies*, 27: 30–51.

McDermott, J. (1991) *Corporate Society: Class, Property, and Contemporary Capitalism*, Boulder, CO: Westview Press.

MacKenzie, G. (1974) 'The "Affluent Worker" study: an evaluation and critique' in F. Parkin (ed.) *The Social Analysis of Class Structure*, London: Tavistock.

—— (1977) 'The political economy of the American working class', *British Journal of Sociology*, 28: 244–52.

McLellan, D. (1971) *The Thought of Karl Marx*, London: Macmillan.

McNally, F. (1979) *Women for Hire: a Study of the Female Office Worker*, London: Macmillan.

Macnicol, J. (1987) 'In pursuit of the underclass', *Journal of Social Policy*, 16: 293–318.

McRae, S. (1986) *Cross-class Families*, Oxford: Oxford University Press.

Mallet, S. (1975) *The New Working Class*, Nottingham: Spokesman.

Mann, M. (1973) *Consciousness and Action among the Western Working Class*, London: Macmillan.

Marsh, C. (1986) 'Social class and occupation', in R. Burgess (ed.) *Key Variables in Social Investigation*, London: Routledge and Kegan Paul.

Marshall, G. (1988) 'Classes in Britain: Marxist and official', *European Sociological Review*, 4: 141–54.

Marshall, G. *et al.* (1988) *Social Class in Modern Britain*, London: Hutchinson.

Marx, K. (1952) *Wage Labour and Capital*, Moscow: Progress Publishers.

——(1969) *Theories of Surplus Value II*, London: Lawrence and Wishart.

——(1970a) *Capital I*, London: Lawrence and Wishart.

——(1970b) *Economic and Philosophical Manuscripts of 1844*, London: Lawrence and Wishart.

——(1971) *The Poverty of Philosophy*, New York: International Publishers.

——(1972) *The Eighteenth Brumaire of Louis Bonaparte*, Moscow: Progress Publishers.

——(1974) *Capital III*, London: Lawrence and Wishart.

Marx, K. and Engels, F. (1848) *Manifesto of the Communist Party*, Moscow: Foreign Languages Publishing House, n. d.

——(1962) *On Britain*, Moscow: Foreign Languages Publishing House.

——(1970) *The German Ideology I*, London: Lawrence and Wishart.

Mattera, P. (1985) *Off the Books: Rise of the Underground Economy*, London: Pluto.

Mayer, K. B. (1956) 'Recent changes in the class structure of the United States', *Transactions of the Third World Congress of Sociology*, London: International Sociological Association, 3: 66–80.

—— (1959) 'Diminishing class differentials in the United States', *Kyklos*, 12: 605–27.

—— (1963) 'The changing shape of the American class structure', *Social Research*, 30: 458–63.

Merton, R. (1968) *Social Theory and Social Structure*, New York: Free Press.

Miliband, R. (1973) *The State in Capitalist Society*, London: Quartet.

—— (1989) *Divided Societies*, Oxford: Oxford University Press.

Miller, S. M. (1960) 'Comparative social mobility, *Current Sociology*, 9: 1–89.

Mills, C. W. (1956) *White Collar*, Oxford: Oxford University Press (first published 1951).

—— (1967) *The Socilogical Imagination*, Oxford: Oxford University Press (first published 1959).

—— (1968) *The Power Elite*, Oxford: Oxford University Press (first published 1956).

Moon, M. and Sawhill, I. (1984) 'Family incomes' in J. Palmer and I. Sawhill (eds) *The Reagan Record*, Cambridge, Mass: Ballinger.

Morris, M. (1989) 'From the culture of poverty to the underclass', *American Sociologist*, 20: 123–33.

Murgatroyd, L, (1982) 'Gender and occupational stratification', *Sociological Review*, 30: 574–602.

—— (1984) 'Women, men and the social grading of occupations', *British Journal of Sociology*, 35: 473–97.

Myrdal, G. (1944) *An American Dilemma*, New York: Harper.

Nichols, T. (1969) *Ownership, Control, and Ideology*, London: Allen and Unwin.

—— (1979) 'Social class: official sociological and Marxist', in J. Irvine *et al.* (eds) *Demystifying Social Statistics*, London: Pluto Press.

O'Connor, J. (1973) *The Fiscal Crisis of the State*, New York: St. Martin's Press.

Office of Population Consensus and Surveys [OPCS] (1980) *Classification of Occupations*, London: HMSO.

Ossowski, S. (1963) *Class Structure in the Social Consciousness*, London: Routledge and Kegan Paul.

Pahl, J. (1989) *Money and Marriage*, London: Macmillan.

Pahl, R. (1984) *Divisions of Labour*, Oxford: Blackwell.

Pahl, R. and Winkler, J. (1974) 'The economic elite: Theory and practice', in P. Stanworth and A. Giddens (eds) *Elites and Power in British Society*, Cambridge: Cambridge University Press.

Parkin, F. (1971) *Class Inequality and Political Order*, London: MacGibbon & Kee.

—— (1979) *Marxism and Class Theory: a Bourgeois Critique*, London: Tavistock.

Parsons, T. (1952) *The Social System*, Glencoe: Free Press.

Pawson, R. (1989) *A Measure for Measures: a Manifesto for Empirical Sociology*, London: Routledge.

Payne, G. (1990) 'Social mobility in Britain: a contrary view' in j. Clark *et al.* (eds) *John H. Goldthorpe: Consensus and Controversy*, London: Falmer Press.

Payne, G. and Abbott, P. (eds) (1990) *The Social Mobility of Women*, Basingstoke, Falmer Press.

Penn, R. (1981) 'The Nuffield class categorization', *Sociology*, 15: 265–71.

Penn, R. and Scattergood, H. (1985) 'Deskilling or enskilling? An empirical investigation of recent themes of the labour process', *British Journal of Sociology*, 36: 611–30.

Piachaud, D. (1982) 'Patterns of income and expenditure within families', *Journal of Social Policy*, 11: 469–82.

Piven, F. (ed.) (1991) *Labor Parties in Postindustrial Societies*, Cambridge: Polity.

Piven, F. and Cloward, R. (1982) *The New Class War*, New York: Pantheon Books.

Poulantzas, N. (1979) *Class in Contemporary Capitalism*, London: New Left Books.

Price, R. and Bain, G. (1983) 'Union growth in Britain: retrospect and prospect', *British Journal of Industrial Relations*, 21: 46–68.

Reid, I. (1989) *Social Class Differences in Britain*, London: Fontana (third edition).

Reid, I. and Wormald, E. (eds) (1982) *Sex Differences in Britain*, London: Grant McIntyre.

Renner, K. (1978) 'The service class', in T. Bottomore and P. Goode (eds) *The Development of Capitalism*, Oxford: Clarendon Press (this article was first published in 1953).

Rex, J. and Tomlinson, S. (1979) *Colonial Immigrants in a British City: a Class Analysis*, London: Routledge and Kegan Paul.

Riddell, P. (1989) *The Thatcher Decade*, Oxford: Blackwell.

Roberts, H. (ed.) (1981) *Doing Feminist Research*, London: Routledge.

Robinson, R. and Kelley, J. (1979) 'Class as conceived by Marx and Dahrendorf: effects on income inequality and politics in the United States and Great Britain', *American Sociological Review*, 44: 38–58.

Roemer, J. (1982) *A General Theory of Exploitation and Class*, Cambridge, Mass: Harvard University Press.

Rogoff, N. (1953) *Recent Trends in Occupational Mobility*, Glencoe: Free Press.

Rose, D. and Marshall, G. (1986) 'Constructing the (W) right classes', *Sociology*, 20: 440–5.

Ross, D. (1991) *The Origins of American Social Science*, Cambridge: Cambridge University Press.

Routh, G. (1987) *Occupations of the People of Great Britain*, 1801–1981, London: Macmillan.

Runciman, W. (1990) 'How many classes are there in contemporary British society?', *Sociology*, 24: 377–96.

Safilious-Rothschild, C. (1969) 'Family sociology or wives' family sociology', *Journal of Marriage and the Family*, 31: 290–301.

Sarlvik, B. and Crewe, I. (1983) *Decade of Dealignment*, Cambridge: Cambridge University Press.

Saunders, P. (1990) *Social Class and Stratification*, London: Routledge.

Savage, M. *et al.* (1992) *Property, Bureaucracy and Culture: Middle-Class Formation in Contemporary Britain*, London: Routledge.

Scase, R. and Goffee, R. (1980) *The Real World of the Small Business Owner*, London: Croom Helm.

—— (1982) *The Entrepreneurial Middle Class*, London: Croom Helm.

Schwendinger, J. and Schwendinger, H. (1971) 'Sociology's founding fathers: sexists to a man', *Journal of Marriage and the Family*, 33: 783–99.

Scott, J. (1982) *The Upper Classes*, London: Macmillan.

—— (1985) *Corporations, Classes and Capitalism*, London: Hutchinson (second edition).

—— (1991) *Who Rules Britain?*, Cambridge: Polity.

Sennett, R. and Cobb, J. (1977) *The Hidden Injuries of Class*, Cambridge: Cambridge University Press.

Shafer, B. (ed.) (1991) *Is America Different? A New Look at American Exceptionalism*, Oxford: Clarendon Press.

Singelmann, J. and Tienda, M. (1985) 'The process of occupational change in a service society' in B. Roberts *et al.* (eds) *New Approaches to Economic Life*, Manchester: Manchester University Press.

Smith, J. and Franklin, S. (1980) 'Concentration of personal wealth in the United States', in A. Atkinson (ed.) *Wealth, Income and Inequality*, Oxford: Oxford University Press.

Social Trends 21 (1991), London: HMSO.

Sombart, W. (1976) *Why Is There No Socialism in the United States?*, London: Macmillan (first published in 1906).

Sorokin, P. (1964) *Social and Cultural Mobility*, New York: Free Press (first published in 1927).

Stanworth, M. (1984) 'Women and class analysis: a reply to Goldthorpe', *Sociology*, 18: 159–70.

Stark, T. (1987) *Income and Wealth in the 1980s*, London: Fabian Society.

Steinmetz, G. and Wright, E. O. (1989) 'The fall and rise of the petty bourgeoisie', *American Journal of Sociology*, 94: 973–1018.

Stewart, A. *et al.* (1980) *Social Stratification and Occupations*, London: Macmillan.

Stinchcombe, A. (1989) 'Education, exploitation and class consciousness', in E. O. Wright (ed.) *The Debate on Classes*, London: Verso.

Storey, D. (ed.) (1983) *The Small Firm: An International Survey*, London: Croom Helm.

Szreter, R. (1984) 'The genesis of the Registrar-General's social classification of occupations',

British Journal of Sociology, 35: 522–46.

Thompson, P. (1983) *The Nature of Work*, London: Macmillan.

Titmuss, R. (1962) *Income Distribution and Social Change*, London: Allen and Unwin.

Tocqueville, A. de. (1948) *Democracy in America*, New York: Knopf (first published in two parts 1835 and 1840).

Townsend, P. (1979) *Poverty in the United Kingdom*, London: Penguin.

Tumin, M. (1953) 'Some principles of stratification: A critical analysis', *American Sociological Review*, 28: 387–94.

—— (ed.) (1970) *Readings on Social Stratification*, Englewood Cliffs NJ: Prentice-Hall.

Vanneman, R. and Cannon, L. (1987) *The American Perception of Class*, Philadelphia: Temple University Press.

Veblen, T. (1963) *The Engineers and the Price System*, New York: Harcourt edn. (first published 1921).

—— (1964) *An Enquiry into the Nature of Peace and the Terms of its Perpetuation*, New York: Kelley (first published 1917).

—— (1970) *The Theory of the Leisure Class*, London: Allen and Unwin (first published 1899).

Walby, S. (1986) *Patriarchy at Work*, Minneapolis: University of Minnesota Press.

Walker, A. and Walker, C. (1987) *The Growing Divide*, London: Child Poverty Action Group.

Warner, W. (1960) *Social Class in America: an Evaluation of Status*, New York: Harper and Row (first published 1949).

Waters, M. (1991) 'Collapse and convergence in class theory', *Theory and Society*, 20: 141–72.

Watson, W. and Barth, E. (1964) 'Questionable assumptions in the theory of social stratification', *Pacific Sociological Review*, 7: 10–16.

Weber, M. (1961) *From Max Weber: essays in Sociology*, London: Routledge and Kegan Paul.

—— (1964) *The Theory of Social and Economic Organisation*, London: Collier-Macmillan.

—— (1968a) *Economy and Society I*, New York: Bedminster Press.

—— (1968b) *Economy and Society II*, New York: Bedminster Press.

—— (1968c) *Economy and Society III*, New York: Bedminster Press.

—— (1976) *The Protestant Ethic and the Spirit of Capitalism*, London: Allen and Unwin.

Westergaard, J. (1970) 'The rediscovery of the cash nexus', in R. Miliband and J. Saville (eds) *The Socialist Register 1970*, London: Merlin Press.

Westergaard, J. and Resler, H. (1975) *Class in a Capitalist Society*, London: Heinemann.

Williams, R. (1970) *American Society: a Sociological Interpretation*, New York: Knopf (third edition).

Winnick, A. (1989) *Toward Two Societies: the Changing Distributions of Income and Wealth in the U. S. since 1960*, New York: Praeger.

Wood, S. (ed.) (1983) *The Degradation of Work*, London: Hutchinson.

Wright, E. O. (1976) 'Class boundaries in advanced capitalist societies', *New Left Review*, 98: 3–41.

——(1978) *Class, Crisis and the State*, London: Verso.

——(1979) *Class Structure and Income Determination*, London: Academic Press.

——(1980a) 'Class and occupation', *Theory and Society*, 9: 177–214.

——(1980b) 'Varieties of Marxist conceptions of class structure', *Politics and Society*, 9: 323–70.

——(1985) *Classes*, London: Verso.

——(1989) 'Women in the class structure', *Politics and Society*, 17: 35–66.

Wright, E. O. and Martin, B. (1987) 'The transformation of the American class structure 1960–1980', *American Journal of Sociology*, 93: 1–29.

Wright, E. O. and Singelmann, J. (1982) 'Proletarianization in the changing American class structure', *American Journal of Sociology*, 88: 176–209.

Zeitlin, I. (1989) *The Large Corporation and Contemporary Classes*, Cambridge: Polity.

Zweig, F. (1961) *The Worker in an Affluent Society*, London: Heinemann.

主要邦訳文献目録

アトキンソン、A、佐藤隆三・高川清明訳、一九八一『不平等の経済学』時潮社（第一版の翻訳）。

バラン、P&スウィージー、P、小原敬士訳、一九六七『独占資本』岩波書店。

ベンディックス、R、折原浩訳、一九六六『マックス・ウェーバー』中央公論社。

バーリ、A&ミーンズ、G、北島忠男訳、一九五八『近代株式会社と私有財産』文雅堂。

バーリン、I、福留久大訳、一九八四『人間マルクス』サイエンス社。

ボットモア、T、馬場明男・深田弘・田中義章訳、一九六七『現代社会の階級』川島書店。

ブルデュー、P、石井洋二郎訳、一九九〇『ディスタンクシオン』藤原書店。

ブレイヴァマン、H、富沢賢治訳、一九七八『労働と独占資本』岩波書店。

バーナム、J、武山泰男訳、一九六五『経営者革命』東洋経済新報社。

コリンズ、R、大野雅敏・波平勇夫訳、一九八四『資格社会』有信堂高文社。

コーザー、L、新睦人訳、一九七八『社会闘争の機能』新曜社。

クロスランド、C、日本文化連合会編訳、一九五九『社会主義の将来』日本文化連合会。

ダーレンドルフ、R、富永健一訳、一九六四『産業社会における階級および階級闘争』ダイヤモンド社。

ドムホフ、G、陸井三郎訳、一九七一『現代アメリカを支配するもの』毎日新聞社。

ガルブレイス、J、都留重人訳、一九六八『新しい産業国家』河出書房新社。

ガース、H&ミルズ、C、古城利明・杉森創吉訳、一九七〇『性格と社会構造』青木書店。

ギデンズ、A、市川統洋訳、一九七七『先進社会の階級構造』みすず書房。

グールドナー、A、原田達訳、一九八八『知の資本論――知識人の未来と新しい階級』新曜社。

グラムシ、A、上村忠男編訳、二〇〇八『新編 現代の君主』筑摩書房。

コルコ、G、佐藤定幸訳、一九六三『アメリカにおける富と権力』岩波書店。

リプセット、S、内山秀夫訳、一九六三『政治のなかの人間』東京創元新社。

リプセット、S、鈴木広・千石好郎・篠原隆弘訳、一九七二『革命と反革命』サイマル出版会。

リプセット、S&ベンディックス、R、鈴木広訳、一九六九『産業社会の構造』サイマル出版会。

マレ、S、海原峻・西川一郎訳、一九七〇『新しい労働者階級』合同出版。

マルクス、K&エンゲルス、F、『マルクス=エンゲルス全集』大月書店。

マートン、R、森東吾・森好夫・金沢実・中島竜太郎訳、一九六一『社会理論と社会構造』みすず書房。

ミリバンド、R、田口富久治訳、一九七〇『現代資本主義国家論』未来社。

ミルズ、C、杉政孝訳、一九五七『ホワイト・カラー』東京創元社。

ミルズ、C、伊奈正人・中村好孝訳、二〇一七『社会学的想像力』筑摩書房。

ミルズ、C、鵜飼信成・綿貫譲治訳、二〇二〇『パワー・エリート』筑摩書房。

オコンナー、J、池上惇・横尾邦夫監訳、一九八一『現代国家の財政危機』御茶の水書房。

オソウスキー、S、細野武男・大橋隆憲訳、一九六七『社会意識と階級構造』法律文化社。

パーソンズ、T、佐藤勉訳、一九七四『社会体系論』青木書店。

スコット、J、中村瑞穂・植竹晃久監訳、一九八三『株式会社と現代社会』文眞堂（第一版の翻訳）。

トクヴィル、A、岩永健吉郎訳、一九七〇「アメリカにおけるデモクラシーについて」『世界の名著33』中央公論社。

ヴェブレン、T、村井章子訳、二〇一六『有閑階級の理論［新版］』筑摩書房。

ウェーバー、M、世良晃志郎他訳、一九六〇―七六『経済と社会』創文社。

ウェーバー、M、濱島朗編訳、一九五四『権力と支配』みすず書房。

ウェーバー、M、濱島朗編訳、二〇一二『権力と支配』講談社。

ウェーバー、M、田中真晴・阿部行蔵・世良晃志郎他訳、一九八八『政治・社会論集』河出書房新社。

ライト、E、江川潤訳、一九八六『階級・危機・国家』中央大学出版会。

文庫版への訳者あとがき

本書は、Stephen Edgell, 1993, *Class*, Routledge の全訳である。著者のスティーヴン・エジェルは英国サルフォード大学教授で、専門は社会学。一九八〇年に出版された *Middle Class Couples* (London: Allen and Unwin) 以来、階級とジェンダーを分析の中心におきながら、英国社会に関する多様な実証研究を展開している。また、米国制度派経済学の創始者であるソースティン・ヴェブレンの思想についての研究でも知られ、その成果は *Veblen in Perspective: His Life and Thought* (New York: M. E. Sharpe, 2001) にまとめられている。

本書は原著でわずか一四九ページという、階級理論と階級研究に関するコンパクトな入門書で、一九九三年の出版以来、英語圏を中心に多くの読者を獲得している。その内容は、対立するが共通点も多い階級理論の二人の創始者としてマルクスとウェーバーを位置づけた上で、その後の多様な階級理論と階級研究の展開を絶妙のバランス感覚をもって過不足なく描き出すとともに、現代の先進国社会が直面する諸問題と将来社会の課題にまで言及したもので、まさに入門的教科書の模範というにふさわしい。出版直後に読んで以来、若手研究者などから階級理論のよい入門書はないかと尋ねられたときには必ずこの本を勧めてきたが、二一世紀に入るころから日本語訳を出版すべきだと考えるようになった。そこで旧知の編集者に打診したところ快諾され、翻訳作業を経てハードカバーで出版されたのは、二〇〇二年のことである。

当時の日本では、一時期まであたかも常識であるかのように広まっていた「一億総中流」論への疑問が広がり、経済的・社会的格差の拡大傾向が社会的な注目を集めるようになっていた。こうした格差拡大傾向そのものは、専門的な研究者などの間では一九八〇年代半ばから指摘されはじめ、一九九〇年代に入るとかなり知られるようになっていたが、これが社会的にも広く知られるようになる契機となった重要な著作は、橘木俊詔の『日本の経済格差——所得と資産から考える』(一九九八年)と、佐藤俊樹の『不平等社会日本——さよなら総中流』(二〇〇〇年)の二冊だった。前者は主に官庁統計の国際比較から、日本では経済格差の拡大傾向が続いており、すでに日本は先進国のなかでは格差の大きい国のひとつになっていることを明らかにしていた。また後者は、本書の第6章で取り上げられている社会移動の観点から、日本社会では社会移動が減少傾向にあり、エリートの子どもしかエリートになれないというような閉鎖性が強まっていることを明らかにしたものである。そして同時期には、一般向けの多くの雑誌が経済格差の拡大、貧困の増大、中流の崩壊などをとりあげ、「階級社会」という言葉もしばしば使われるようになっていた。

しかし日本では、経済的・社会的格差を社会科学的に解明する理論としての階級理論が定着していなかったため、「階級」という概念に対する無理解や誤用が多く、ここからしばしば混乱がもたらされていた。また実証研究においては、単純な職業分類や非理論的な階層分類にもとづく分析が大半を占めており、本書の第3章で検討されているような測定上のさまざまな問題を考慮した上での研究は非常に少なかった。そこで私は、こうした現状を打破するため、本書のように信頼できる入門的概説書が日本語で出版される必要があると考えたのである。幸いにもこの訳書はある程度まで好評を博し、数年後には品切れ状態となったが、重版には至らず入手困難となっていた。

その後、二〇〇六年に流行語となった「格差社会」は、現代日本を象徴する言葉としてすっかり定着し、格差の問題は学術書や一般書のみならず、小説や漫画、映画やテレビドラマに至るまで、一大ジャンルを形成するに至った。しかしながら、階級理論が定着せず、単純な職業分類や非理論的な階層分類による研究が大部分を占めるという当時のような状況は、残念ながら今日でもあまり大きくは変わっていない。そして階級に関する学説史と一九九〇年代はじめまでの研究をていねいにフォローした本書を超えるような入門書や概説書は、依然として出現していない。筑摩書房の天野裕子さんからいただいた文庫化の提案は、まさに願ってもないものだった。今回の文庫化にあたって久しぶりに熟読してみたが、階級や階層に関心をもつ現代の研究者が、重要な先行研究として取り上げるべき諸研究が必要かつ十分に引用されていることに、改めて驚きを禁じ得なかった。その意味で本書は、社会学・経済学・政治学などを専攻する学生、また経済的・社会的不平等の問題に関心をもつ一般市民にとって絶好の入門書であることはいうまでもなく、専門の研究者にもきわめて有益な書物だといえる。

本書の翻訳について、いくつか補足説明を加えておこう。

原則として class scheme は階級図式、class map は階級配置図と訳したが、エジェル自身がこの二つを互換的に用いている場合もあることから、必ずしも一貫させていない。基本的には、class scheme は一般的な言い方で、class map は視覚的に洗練されたライトの階級図式を指す場合にしばしば用いられる特殊な言い方と理解してよい。class struggle と class conflict については、多くの英語圏の著者が明確に区別していないので、ともに原則として「階級闘争」と訳した。また dominant class と ruling class については、これまでの日本語訳の多くがそうであるように、ともに「支配階級」と訳した。この二つの用語には、著者自身が一〇八―一〇九ページで解説しているように、前者が経済的な要因によって定義されるのに対して、後者は経済的にのみならず政治的にも支配的な階級という意味で用いられるという違いがある。後者に対して「統治階級」という訳語をあてる方法もあろうが、本書にはこれとは別に governing class（統治階級）という用語も用いられているため、かえって混乱を招く。このため両者に「支配階級」という同一の訳語をあて、その上で読者の理解を助けるため必要と思われるいくつかの個所については、原語を付しておくことにした。

マルクス＝エンゲルスの著作からの引用については、日本の読者にとっては無益と思われる英訳書からの出典表記を省略し、かわりに『マルクス＝エンゲルス全集』（大月書店）の該当個所を示しておいた。ただし、訳文は変更している場合がある。ちなみにマルクス＝エンゲルスの著作からのエジェルの引用は、階級についての重要な言及として知られるパッセージを必要かつ十分に含んでおり、多くの読者にとって有益だと思う。なおエジェルは、マルクスのドイツ語テクストが英訳される際に起こった単語の置き換えをそのまま受け入れているため、マルクス＝エンゲルスのテクストに詳しい読者には不正確と感じられる個所があるかもしれない。その典型は、『共産党宣言』の「中間身分」を「中間階級（middle class）」と記した部分である。しかしこれは、英語圏の人々が翻訳の際にそれなりの解釈を加えた結果なのであり、英語圏ではそのように理解されているという事実を尊重して、英文をそのまま訳すのを基本とした。

エジェルの文章はきわめて平易かつ明晰なものだが、文と文の関係を示す接続詞を省略しがちな傾向がある。このため訳文では、適宜接続詞を補っておいた。また一部は注に記したが、扱われている諸研究の意義を正確に読者に伝えるため、補足や修正を行なった個所もある。これらはいずれも、あくまで私の判断によるものであり、誤りがないとはいえない。お気づきの点があれば、ご教示願いたい。

先述のように、本書は一九九三年に出版されたものでありながら、その内容はまったくといっていいほど古くなっておらず、現在でも入門的な概説書として十分通用する。とはいえ、この三〇年ほどの間に多くの新しい研究が登場していることも事実であり、近年の研究動向について補足しておくことが、専門の研究者ではない読者のために有用かもしれない。二点だけ述べておきたい。

章立てからわかるとおり本書は、まず理論と方法論について論じたあと、現代の階級構造を概観し、さらに社会移動、経済的不平等と政治という各論に転じ、最後に階級社会のゆくえと無階級社会の可能性について論じるという構成をとっている。現代の研究者からみて欠落しているように思われる問題があるとすれば、それは「文化」の問題だろう。本書では、ウェーバーの階級理論の文化主義的性格や、ピエール・ブルデューの提唱した「文化資本」の概念、そして「文化資産」を階級の基盤のひとつとみなすマイク・サベッジらの議論について紹介されてはいるのだが、文化と階級に関するその後の多彩な研究の展開を考えれば、物足りない部分がないではない。この点について関心のある読者は、多数出版されているブルデューの邦訳書や、ブルデュー理論に関する解説書のほか、マイク・サベッジ(邦訳ではサヴィジと表記されている)の『7つの階級――英国階級調査報告』(原著二〇一五年、邦訳二〇一九年)、トニー・ベネット他による『文化・階級・卓越化』(原著二〇〇九年、邦訳二〇一七年)あたりをひもとかれるとよい。

経済的・社会的格差の拡大が注目されるようになってから、飛躍的に発展した研究領域のひとつに、貧困研究が挙げられる。日本では「一億総中流」論が広まるなか、長らく貧困の問題が忘れられ、あるいは日雇労働者やシングルマザーなどにみられる例外的現象であるかのように扱われてきた。しかし今日では、貧困の存在が社会的に幅広い関心を集め、国際的にも先進諸国内部の貧困に関する研究が盛んに行なわれるようになった。その背景には、格差の拡大自体に関しては「好ましくない」という価値判断が必ずしも大多数の人々に共有されるわけではなく、しばしばイデオロギー的な対立の原因となるのに対し、貧困は概念そのものに「好ましくない」という価値判断が含まれており、研究の重要性に合意が形成されやすいという事情がある。同様のことは、「貧困」とほぼ同義に使われることも多い「社会的排除」、そして同じく「好ましくない」という価値判断が共有されやすい「健康格差」についてもいえるだろう。これに対して本書では、貧困の問題は第4章の「アンダークラスに関する覚書」の節で集中的に扱われるにとどまり、主要な研究領域として扱われているとはいいがたい。近年の貧困研究については、概説書や入門書がいくつも出版されており、容易に見つけることができるが、「社会的排除」に関するヨーロッパ諸国の研究動向をふまえた貧困理論に関する概説書として、志賀信夫『貧困理論入門』（二〇二二年）を一読することをお勧めしたい。また健康格差を中心とした格差拡大の社会的弊害については、リチャード・ウィルキンソンとケイト・ピケットの『格差は心を壊す――比較という呪縛』（原著二〇一八年、邦訳二〇二〇年）が詳しい。

もう二〇年以上前のことになるが、私は本訳書のハードカバー版の訳者あとがきを、次のように締めくくった。この文章については、現時点でもまったく修正する必要を感じない。ここに再掲することにしたい。

おそらく本書は、日本語で出版されるものとしては最初の、「階級」に関する概括的な入門書である。本書の出版によって、近代社会科学の最良の財産ともいうべきこの概念が、日本に定着するきっかけをつくることができれば幸いである。

二〇二三年三月

橋本健二

［た］

［な］

［は］

［さ］

索　引

本書は二〇〇二年四月一〇日、青木書店より刊行された。

精神現象学(上)　G・W・F・ヘーゲル　熊野純彦訳

人間精神が、感覚的経験という低次の段階から「絶対知」へと至るまでの壮大な遍歴を描いた不朽の名著。平明かつ流麗な文体による決定版新訳。

精神現象学(下)　G・W・F・ヘーゲル　熊野純彦訳

人類知の全貌を綴った哲学史上の一大傑作。四つの原典との頁対応を付し、著名な格言を採録した索引を巻末に収録。従来の解釈の遥か先へ読者を導く。

道徳および立法の諸原理序説(上)　ジェレミー・ベンサム　中山元訳

快と苦痛のみに基礎づけられた功利性の原理から、個人および共同体のありようを分析する。近代功利主義の嚆矢をなす記念碑的名著をついに完訳。

道徳および立法の諸原理序説(下)　ジェレミー・ベンサム　中山元訳

法とは何のためにあるのか? 科学に立脚して立法と道徳を問いなおし、真に普遍的な法体系を打ち立てんとするベンサムの代表作を清新な訳文で送る。

象徴交換と死　J・ボードリヤール　今村仁司/塚原史訳

すべてがシミュレーションと化した高度資本主義像を鮮やかに提示し、〈死の象徴交換〉による、その内部からの〈反乱〉を説く、ポストモダンの代表作。

経済の文明史　カール・ポランニー　玉野井芳郎ほか訳

市場経済社会は人類史上極めて特殊な制度的所産である――非市場社会の考察を通じて経済人類学に大転換をもたらした古典的名著。　(佐藤光)

暗黙知の次元　マイケル・ポランニー　高橋勇夫訳

非言語的で包括的なもうひとつの知。創造的な科学活動にとって重要な〈暗黙知〉の構造を明らかにしつつ、人間と科学の本質に迫る。新訳。

現代という時代の気質　エリック・ホッファー　柄谷行人訳

群れず、熱狂に翻弄されることなく、しかし自分自身の内にこもることなしに、人々と歩み、権力と向きあっていく姿勢を、省察の人・ホッファーに学ぶ。

リヴァイアサン(上)　トマス・ホッブズ　加藤節訳

各人の各人に対する戦いから脱し、平和と安全を確立すべく政治的共同体は生まれた。その仕組みを分析した不朽の古典を明晰な新訳でおくる。全二巻。

リヴァイアサン(下)
トマス・ホッブズ
加藤節 訳
キリスト教徒の政治的共同体における本質と諸権利、そして「暗黒の支配者たち」を論じて大著は完結する。近代政治哲学の歩みはここから始まった。

知恵の樹
H・マトゥラーナ／F・バレーラ
管啓次郎 訳
生命を制御対象ではなく自律主体とし、自己創出を良き環と捉え直した新しい生物学。現代思想に影響を与えたオートポイエーシス理論の入門書。

社会学的想像力
C・ライト・ミルズ
伊奈正人／中村好孝訳
なぜ社会学を学ぶのか。抽象的な理論や微細な調査に明け暮れる現状を批判し、個人と社会を架橋する学という原点から問い直す重要古典、待望の新訳。

パワー・エリート
C・ライト・ミルズ
鵜飼信成／綿貫譲治訳
エリート層に権力が集中し、相互連結しつつ大衆社会を支配する構図を詳細に分析。世界中で読まれる階級論・格差論の古典的必読書。（伊奈正人）

メルロ=ポンティ・コレクション
モーリス・メルロ=ポンティ
中山元 編訳
意識の本性を探究し、生活世界の現象学的記述を実存主義的に企てたメルロ＝ポンティ。その思想の粋を厳選して編んだ入門のためのアンソロジー。

知覚の哲学
モーリス・メルロ=ポンティ
菅野盾樹 訳
時代の動きと同時に、哲学自体も大きく転身した。それまでの存在論の転回を促したメルロ＝ポンティ哲学と現代哲学の核心を自ら語る。

精選 シーニュ
モーリス・メルロ=ポンティ
廣瀬浩司 編訳
メルロ＝ポンティの代表的論集『シーニュ』より重要論考のみを厳選し、新訳。精確かつ平明な訳文と懇切な注釈により、その真価が明らかとなる。

われわれの戦争責任について
カール・ヤスパース
橋本文夫 訳
時の政権に抗いながらも「侵略国の国民」となってしまった人間は、いったいにどう戦争の罪と向き合えばよいのか。戦争責任論不朽の名著。（加藤典洋）

フィヒテ入門講義
ヴィルヘルム・G・ヤコプス
鈴木崇夫ほか訳
フィヒテは何を目指していたのか。その現代性とは――。フィヒテ哲学の全領域を包括的に扱い、核心部分を明快に解説した画期的講義。本邦初訳。

新・建築入門 隈研吾

「建築とは何か」という困難な問いに立ち向かい、建築様式の変遷と背景にある思想の流れをたどりつつ、思考を積み重ねる。書下ろし自著解説を付す。

錯乱のニューヨーク レム・コールハース 鈴木圭介訳

過剰な建築的欲望が作り出したニューヨーク／マンハッタンを総合的・批判的にとらえる伝説の名著。本書を読まずして建築を語るなかれ！（磯崎新）

S, M, L, XL+ レム・コールハース 太田佳代子／渡辺佐智江訳

世界的建築家の代表作がついに！ 伝説の書のコア・エッセイにその後の主要作を加えた日本版オリジナル編集。彼の思索のエッセンスが詰まった一冊。

東京都市計画物語 越澤明

関東大震災の復興事業から東京オリンピックに向けての都市改造まで、四〇年にわたる都市計画の展開と挫折をたどりつつ新たな問題を提起する。

新版大東京案内（上） 今和次郎編纂

昭和初年の東京の姿を、都市フィールドワークの先駆者が活写した名著。上巻には交通機関や官庁、デパート、盛り場、遊興、味覚などを収録。

グローバル・シティ サスキア・サッセン 伊豫谷登士翁監訳 大井由紀／髙橋華生子訳

世界の経済活動は分散したのではない、特権的な大都市に集中したのだ。国民国家の枠組みを超えて発生する世界の新秩序と格差拡大を暴く衝撃の必読書。

東京の空間人類学 陣内秀信

東京、このふしぎな都市空間を深層から探り、明快に解読した定番本。基層の地形、江戸の記憶、近代の都市造形が、ここに甦る。図版多数。（川本三郎）

大名庭園 白幡洋三郎

小石川後楽園、浜離宮等の名園では、多種多様な社交が繰り広げられていた。競って造られた庭園の姿に迫りヨーロッパの宮殿とも比較。（尼﨑博正）

東京の地霊《ゲニウス・ロキ》 鈴木博之

日本橋室町、紀尾井町、上野の森……。その土地に堆積した数奇な歴史・固有の記憶を軸に、都内13カ所の土地を考察する「東京物語」。（藤森照信／石山修武）

空間の経験　イーフー・トゥアン　山本浩訳

人間にとって空間と場所とは何か？　それはどんな経験なのか？　基本的なモチーフを提示する空間論の必読図書。（A・ベルク／小松和彦）

個人空間の誕生　イーフー・トゥアン　阿部一訳

広間での雑居から個室住まいへ。回し食いから個々人用食器の成立へ。多様なかたちで起こった「空間の分節化」を通覧し、近代人の意識の発生をみる。

自然の家　フランク・ロイド・ライト　富岡義人訳

いかにして人間の住まいと自然は調和をとりうるか。建築家F・L・ライトの思想と美学が凝縮された名著を新訳。最新知見をもりこんだ解説付。

マルセイユのユニテ・ダビタシオン　ル・コルビュジエ　山名善之／戸田穣訳

近代建築の巨匠による集合住宅ユニテ・ダビタシオン。そこには住宅から都市まで、ル・コルビュジエの思想が集約されていた。充実の解説付。

都市への権利　アンリ・ルフェーヴル　森本和夫訳

都市現実は我々利用者のためにある！――産業化社会に抗するシチュアシオニスム運動の中、人間の主体性に基づく都市を提唱する。（南後由和）

場所の現象学　エドワード・レルフ　高野岳彦／阿部隆／石山美也子訳

〈没場所性〉が支配する現代において〈場所のセンス再生の可能性〉はあるのか。空間創出行為を実践的に理解しようとする社会的場所論の決定版。

装飾と犯罪　アドルフ・ロース　伊藤哲夫訳

近代建築の先駆的な提唱者ロース。有名な「装飾は犯罪である」をはじめとする痛烈な文章の数々に、モダニズムの強い息吹を感じさせる代表的論考集。

朝鮮の膳／朝鮮陶磁名考　浅川巧

李朝工芸に関する比類なき名著として名高い二冊を合本し、初文庫化。読めば朝鮮半島の人々の豊かな暮らしぶりが浮かび上がってくる。（杉山享司）

増補　20世紀写真史　伊藤俊治

写真の歴史を通じて、20世紀の感受性と人間という概念の運命を浮かび上がらせた名著が、21世紀以降までの新しい道筋を書下し大幅増補して刊行。

空間の詩学
ガストン・バシュラール
岩村行雄 訳
家、宇宙、貝殻など、さまざまな空間が喚起する詩的イメージ。新たなる想像力の現象学を提唱し、人間の夢想に迫るバシュラール詩学の頂点。

リキッド・モダニティを読みとく
ジグムント・バウマン
酒井邦秀 訳
変わらぬ確かなものなどもはや何一つない現代世界。社会学の泰斗が身近な出来事や世相から〈液状化〉の具体相に迫る真摯で痛切な論考。文庫オリジナル。

社会学の考え方〔第2版〕
ジグムント・バウマン／ティム・メイ
奥井智之 訳
日常世界はどのように構成されているのか。日々変化する現代社会をどう読み解くべきか。読者を〈社会学的思考〉の実践へと導く最高の入門書。新訳。

コミュニティ
ジグムント・バウマン
奥井智之 訳
グローバル化し個別化する世界のなかで、コミュニティはいかなる様相を呈しているか。安全をとるか、自由をとるか。代表的社会学者が根源から問う。

近代とホロコースト〔完全版〕
ジグムント・バウマン
森田典正 訳
近代文明はホロコーストの必要条件であった――。社会学の視点から、ホロコーストを現代社会の本質に深く根ざしたものとして捉えたバウマンの主著。

フーコー文学講義
ミシェル・フーコー
柵瀬宏平 訳
シェイクスピア、サド、アルトー、レリス……。フーコーが文学と取り結んでいた複雑で、批判的で、戦略的な関係とは何か。未発表の記録、本邦初訳。

ウンコな議論
ハリー・G・フランクファート
山形浩生訳／解説
ごまかし、でまかせ、いいのがれ。なぜ世の中、こんなものがみちるのか。道徳哲学の泰斗がその正体とカラクリを解く。爆笑必至の訳者解説を付す。

21世紀を生きるための社会学の教科書
ケン・プラマー
赤川学 監訳
パンデミック、経済格差、気候変動など現代世界が直面する諸課題を視野に収めつつ社会学の新しい知見を解説。社会学の可能性を論じた最良の入門書。

世界リスク社会論
ウルリッヒ・ベック
島村賢一 訳
迫りくるリスクは我々から何を奪い、何をもたらすのか。『危険社会』の著者が、近代社会の根本原理をくつがえすリスクの本質と可能性に迫る。

資本主義から市民主義へ　岩井克人　聞き手＝三浦雅士

来るべき市民主義とは何か。貨幣論に始まり、資本主義論、法人論、信任論、市民社会論、人間論まで、多方面にわたる岩井理論がこれ一冊でわかる！

有閑階級の理論［新版］　ソースタイン・ヴェブレン　村井章子訳

流行の衣服も娯楽も教養も「見せびらかし」にすぎない。野蛮時代に生じたこの衒示的消費の習慣はどう進化したか。ガルブレイスの解説を付す新訳版。

資本論に学ぶ　宇野弘蔵

マルクスをいかに読み、そこから何を考えるべきか。『資本論』を批判的に継承し独自の理論を構築した泰斗がその精髄を平明に説き明かす。（白井聡）

社会科学としての経済学　宇野弘蔵

資本主義の原理は、イデオロギーではなく科学的態度によってのみ解明できる。マルクスの可能性を極限まで突き詰めた宇野理論の全貌。（大黒弘慈）

ノーベル賞で読む現代経済学　トーマス・カリアー　小坂恵理訳

経済学は世界をどう変えてきたか。ノーベル経済学賞全受賞者を取り上げ、その功績や影響から現代経済学の流れを一望する画期的試み。（瀧澤弘和）

クルーグマン教授の経済入門　ポール・クルーグマン　山形浩生訳

経済にとって本当に大事な問題って何？　実は、生産性・所得分配・失業の3つだけ!?　楽しく読めてきちんと分かる、経済テキスト決定版！

自己組織化の経済学　ポール・クルーグマン　北村行伸／妹尾美起訳

複雑かつ自己組織化している経済というシステムに、複雑系の概念を応用すると何が見えるのか。不況発生の謎は解ける？　経済学に新地平を開く意欲作。

比較歴史制度分析（上）　アブナー・グライフ　岡崎哲二／神取道宏監訳

中世後期は商業的統合と市場拡大が進展した時代と言われる。ゲーム理論に基づく制度分析を駆使して、政体や経済の動態的変化に迫った画期的名著。

比較歴史制度分析（下）　アブナー・グライフ　岡崎哲二／神取道宏監訳

中世政治経済史の理論的研究から浮き上がる制度の適用可能性とは。本書は、その後のヨーロッパの発展と内部に生じた差異について展望を与える。

ちくま学芸文庫

階級《かいきゅう》とは何《なに》か

二〇二三年四月十日　第一刷発行

著者　スティーヴン・エジェル
訳者　橋本健二（はしもと・けんじ）

発行者　喜入冬子
発行所　株式会社　筑摩書房
東京都台東区蔵前二―五―三　〒一一一―八七五五
電話番号　〇三―五六八七―二六〇一（代表）
装幀者　安野光雅
印刷所　株式会社精興社
製本所　株式会社積信堂

Printed in Japan
ISBN978-4-480-51172-0 C0136